Direito Individual do Trabalho

Com apontamentos da Reforma Trabalhista (Lei n. 13.467/2017) e Medida Provisória n. 808/2017 (vigência encerrada)

Ariane Joice dos Santos

Mestre em Direito do Trabalho pela PUC/SP. Pós-graduada em Direito do Trabalho pela COGEAE-PUC/SP. Professora universitária, pós-graduação, concursos e OAB nas disciplinas de Direito Material e Processual do Trabalho. Professora da Escola Superior de Advocacia da Ordem dos Advogados do Brasil – ESA OAB/SP. Membra da Comissão do Terceiro Setor da OAB São José dos Campos/SP. Instrutora de Treinamentos sobre a Reforma Trabalhista. Palestrante do Departamento de Cultura e Eventos da OAB SP. Advogada trabalhista.

Direito Individual do Trabalho

Com apontamentos da Reforma Trabalhista (Lei n. 13.467/2017) e Medida Provisória n. 808/2017 (vigência encerrada)

LTr

LTr
EDITORA LTDA.
© Todos os direitos reservados

Rua Jaguaribe, 571
CEP 01224-003
São Paulo, SP — Brasil
Fone: (11) 2167-1101
www.ltr.com.br
Maio, 2018

Projeto Gráfico e Editoração Eletrônica: Peter Fritz Strotbek – The Best Page
Projeto de Capa: Fabio Giglio
Impressão: Bok2

Versão impressa: LTr 5998.6 — ISBN 978-85-361-9620-6
Versão digital: LTr 9363.9 — ISBN 978-85-361-9664-0

Dados Internacionais de Catalogação na Publicação (CIP)
(Câmara Brasileira do Livro, SP, Brasil)

Santos, Ariane Joice dos
   Direito individual do trabalho — com apontamentos da reforma trabalhista (Lei n. 13.467/2017) e medida provisória n. 808/2017 (vigência encerrada) / Ariane Joice dos Santos. — São Paulo : LTr, 2018.

   Bibliografia.

   1. Direito do trabalho 2. Direito do trabalho — Brasil 3. Medidas provisórias — Brasil 4. Reforma constitucional — Brasil I. Título.

18-14011   CDU-34:331.001.73(81)

Índice para catálogo sistemático:
1. Brasil : Reforma trabalhista : Direito individual
     do trabalho   34:331.001.73(81)

*Aos alunos que sempre me
incentivaram a escrever um livro.*

Agradecimentos:

Ao Rei eterno, ao Deus único, imortal e invisível, sejam honra e glória para todo o sempre. (1 Timóteo 1:17).

Ao Márcio Rodrigo de Freitas, exemplo de homem, esposo e pai.

Ao Thomas e Nicholas, por me tornarem a mulher completa que hoje sou.

Ao Arlindo José dos Santos, por ir além dos ensinamentos como pai, sempre trilhando meus passos profissionais.

À Fátima Aparecida Gonçalves Garcia, por ter doado de si, como mãe e avó, para cuidar das minhas maiores preciosidades enquanto escrevia esta obra.

Ao Armando Casimiro Costa Filho, pela oportunidade em publicar a presente obra na "maior editora em Direito do Trabalho do Brasil".

Sumário

Apresentação 15

Prefácio 17

Introdução 19

Capítulo 1 — Introdução ao Direito do Trabalho 21
1.1. Evolução histórica do direito do trabalho no mundo 21
    1.1.1. Sociedade pré-industrial 21
        1.1.1.1. Escravidão 21
        1.1.1.2. Servidão 21
        1.1.1.3. Corporações de ofício 21
        1.1.1.4. Locação de serviços 21
1.2. Sociedade industrial 22
1.3. Evolução do direito do trabalho no Brasil 23
1.4. Consolidação das Leis do Trabalho — CLT 23
1.5. Constituição Federal 24
1.6. As recentes alterações do direito do trabalho 24

Capítulo 2 — Caracterização do Direito do Trabalho 29
2.1. Definição 29
2.2. Divisão 29
2.3. Características 30
2.4. Natureza jurídica 30

Capítulo 3 — Fontes do Direito do Trabalho 32
3.1. Conceito 32
3.2. Fontes materiais 32
3.3. Fontes formais 32
    3.3.1. Fontes formais heterônomas 32
    3.3.2. Fontes formais autônomas 35
    3.3.3. Fontes formais de Direito Internacional 36

3.4. Analogia, equidade, princípios gerais de direito.. 36
3.5. Compatibilidade das fontes do Direito do Trabalho e a Reforma Trabalhista.......... 37

Capítulo 4 — Princípios do Direito do Trabalho 38
4.1. Conceito 38
4.2. Princípio da proteção ou princípio protetor... 38
    4.2.1. Princípio *in dúbio pro operário* 39
    4.2.2. Princípio da norma mais favorável.. 39
    4.2.3 Princípio da condição mais benéfica.. 40
4.3. Princípio da primazia da realidade sobre a forma... 40
4.4. Princípio da imperatividade das normas trabalhistas.. 40
4.5. Princípio da irrenunciabilidade (ou indisponibilidade) de direitos.................... 40
4.6. Princípio da continuidade da relação de emprego 41
4.7. Princípio da intangibilidade salarial.. 41
4.8. Princípio da inalterabilidade contratual lesiva.. 42

Capítulo 5 — Sujeitos da Relação de Emprego 43
5.1. Empregado.. 43
5.2. Empregador 44
    5.2.1. Poder de direção do empregador: formas de manifestação................... 45
    5.2.2. Grupo econômico... 45
    5.2.3. Sucessão.. 47

Capítulo 6 — Sujeitos da Relação de Trabalho 48
6.1. Principais diferenças entre empregado e outros sujeitos da relação de trabalho 48
    6.1.1. Trabalhador autônomo 48
    6.1.2. Trabalhador eventual... 50
    6.1.3. Trabalhador avulso... 50
    6.1.4. Trabalhador temporário... 51
    6.1.5. Trabalhador terceirizado.. 52
    6.1.6. Voluntário... 53
    6.1.7. Cooperado.. 54
    6.1.8. Estagiário.. 55
    6.1.9. Aprendiz... 55

Capítulo 7 — Contrato De Trabalho 56
7.1. Denominação e conceito.. 56
7.2. Natureza Jurídica.. 56
    7.2.1. Teoria do Contratualismo... 56

7.2.2. Teoria do Anticontratualismo 56
7.3. Características do contrato de trabalho 57
7.4. Classificação 58
    7.4.1. Quanto à forma 58
    7.4.2. Quanto ao prazo 59
        7.4.2.1. Contrato de trabalho por prazo indeterminado 59
        7.4.2.2. Contrato de trabalho por prazo determinado 59
            7.4.2.2.1. Prorrogações dos contratos a prazo determinado 60
7.5. Novas modalidades de contrato de trabalho com o advento da Lei da Reforma Trabalhista 61
    7.5.1. Contrato de trabalho intermitente 61
    7.5.2. Teletrabalho ou trabalho remoto (*home office*) 66
7.6. Requisitos de validade 67

Capítulo 8 — Remuneração e Salário 69
8.1. Definição 69
8.2. Formas de estipulação 69
8.3. Meios de pagamento 69
    8.3.1. Salário em dinheiro, cheque ou depósito 70
    8.3.2. Salário *in natura* ou pagamento em utilidades 70
8.4. Composição do salário: parcelas salariais e não salariais 71
8.5. Demais parcelas não salariais 75
8.6. Proteção ao salário 76
8.7. Valor do salário 76
8.8. Equiparação salarial 76
8.9. Adicionais 79
    8.9.1. Adicional de insalubridade 79
    8.9.2. Adicional de periculosidade 82
    8.9.3. Adicional de penosidade 82

Capítulo 9 — Duração do Trabalho 84
9.1. Definição de jornada de trabalho 84
    9.1.1. Tempo à disposição do empregador 84
9.2. Tipos de jornada 85
    9.2.1. Jornada a tempo parcial 85
    9.2.2. Jornada 12 x 36 horas 87
    9.2.3. Turnos Ininterruptos de Revezamento 88
9.3. Controle de jornada 89
9.4. Horas extraordinárias e adicionais 89

9.4.1. Acordo de prorrogação e sistema de compensação de horas 90
9.4.2. Banco de Horas 92
9.4.3. Outras hipóteses de realização de horas extras 94
9.5. Horas de trajeto ou horas *in itinere* 95
9.6. Jornada noturna e adicional noturno 96
9.7. Empregados excluídos das regras de proteção da jornada 97
9.8. Horas de Sobreaviso e Prontidão 98

Capítulo 10 — Períodos de Descanso 99
10.1. Intervalos intrajornadas 99
    10.1.1. Intervalo para refeição e descanso 99
    10.1.2. Intervalos especiais 100
10.2. Intervalos interjornadas 101
10.3. Remuneração do intervalo não concedido 101
10.4. Descanso ou repouso semanal remunerado 103
    10.4.1. Princípios 103
    10.4.2. Repercussões jurídicas sobre o descanso semanal remunerado 103
10.5. Férias Anuais 104
    10.5.1. Definição 104
    10.5.2. Princípios 104
    10.5.3. Período aquisitivo 105
    10.5.4. Perda do direito 105
    10.5.5. Duração 106
    10.5.6. Período concessivo 106
        10.5.6.1. Fracionamento 106
        10.5.6.2. Direito de coincidência 107
        10.5.6.3. Designação 107
        10.5.6.4. Comunicação 108
    10.5.7. Remuneração 108
    10.5.8. Abono de férias 108
    10.5.9. Extinção do contrato 109
        10.5.9.1 Férias vencidas 109
        10.5.9.2. Férias proporcionais 109
    10.5.10. Férias Coletivas 110

Capítulo 11 — Alteração do Contrato de Trabalho 111
11.1. Definição 111
11.2. Requisitos para alteração contratual 111

11.3. Retorno ou reversão do cargo de confiança 113
11.4. Transferência 114
11.5. Substituição eventual ou temporária 115
11.6. Suspensão do contrato de trabalho 115
11.7. Interrupção do contrato de trabalho 116

Capítulo 12 — Estabilidade 117
12.1. Introdução 117
12.2. Principais estabilidades definitivas 117
12.3. Principais estabilidades provisórias 118
    12.3.1. Gestante 118
    12.3.2. Empregado acidentado 119
    12.3.3. Dirigente sindical 121
    12.3.4. Representante dos empregados na comissão interna de prevenção de acidentes 122
    12.3.5. Representantes dos empregados no local de trabalho 122

Capítulo 13 — Extinção do Contrato de Trabalho 124
13.1. Denominações 124
13.2. Término dos contratos a prazo determinado 124
    13.2.1. Extinção normal 124
    13.2.2. Extinção anormal 124
13.3. Término dos contratos a prazo indeterminado 125
    13.3.1. Despedida sem justa causa 125
        13.3.1.1. Despedida arbitrária, abusiva e discriminatória 125
    13.3.2. Pedido de demissão 126
    13.3.3. Despedida por justa causa 126
    13.3.4. Rescisão indireta 128
    13.3.5. Culpa recíproca 129
    13.3.6. Morte do empregado ou empregador pessoa física 129
    13.2.7. Extinção da empresa ou do estabelecimento 129
    13.3.8. Nova modalidade de rescisão: acordo entre empregado e empregador 130
13.4. Aviso-prévio 130
13.5 Verbas rescisórias 131
    13.5.1. Homologação das rescisões contratuais 131
13.6. Tabela de verbas rescisórias 132
13.7. Forma e prazo para pagamento das verbas rescisórias 133
    13.6.1. Multas dos arts. 467 e 477 da CLT 134

13.8. Décimo terceiro salário 134
13.9. Fundo de Garantia do Tempo de Serviço... 135

Capítulo 14 — Do Dano Extrapatrimonial... 136
14.1. Principais considerações 136

Capítulo 15 — As Recentes Alterações sobre Prescrição no Direito do Trabalho..... 140
15.1. Prescrição bienal e quinquenal... 140
15.2. Prescrição parcial e total.. 140
15.3. Prescrição Intercorrente 141

Referências Bibliográficas... 142

Apresentação

Esta obra foi idealizada pela Professora Mestre em Direito do Trabalho e Advogada Trabalhista, Ariane Joice dos Santos, com experiência no estudo, interpretação e aplicação do Direito nas relações de trabalho, há aproximadamente 15 anos.

Surgiu com a necessidade de devolver à sociedade um pouco do conhecimento adquirido há uma década nas salas de aulas das universidades, pós-graduações, concursos e cursos para a prova da Ordem dos Advogados do Brasil, assim como na experiência adquirida ao longo dos anos como advogada na seara trabalhista, tanto na área preventiva quanto contenciosa.

A autora não só acompanhou como também participou de grupos de discussões entre profissionais da área durante todo o trâmite de votação das recentes normas que alteraram o Direito do Trabalho e desde a publicação da Lei da Reforma Trabalhista vem ministrando treinamentos, cursos e palestras sobre o tema.

Este livro foi projetado com colaboração de uma aluna que representa todos os demais discentes, Karina Ugeda, que participou ativamente no apontamento das dificuldades e necessidades existentes nas cadeiras da graduação do curso de Direito e na preparação para concursos e prova da Ordem dos Advogados do Brasil em matéria trabalhista, sugerindo a edição de esquemas e quadros na facilitação do entendimento dos temas da área.

Os profissionais do Direito nos mais diversos ramos de atuação, advogados, estagiários e bacharéis, iniciantes ou com vasta experiência na área trabalhista, terão em mãos uma obra objetiva no que se refere a princípios, conceitos, normas internas e internacionais, jurisprudência e o principal, com o comentário da Lei da Terceirização n. 13.429, de 31 de março de 2017, e apontamentos dos mais de cem pontos alterados na Consolidação das Leis do Trabalho com a Lei n. 13.467, de 11.11.2017, denominada Lei da Reforma Trabalhista e Medida Provisória n. 808, de 14.11.2017, cuja vigência perdurou até 23.4.2018.

Não menos importante, foi o olhar cuidadoso para uma linguagem clara e objetiva, a fim de atender aos que desenvolvem suas atividades profissionais como contadores, gestores, administradores, empresários, bacharéis e estudantes das mais diversas áreas de formação que tanto têm buscado a capacitação no estudo das recentes mudanças na legislação trabalhista.

Esta obra contém em seu conteúdo a compilação de todo material elaborado e utilizado pela autora em suas aulas, cursos e treinamentos, e por esse motivo não abarca somente as recentes alterações trabalhistas, mas todo estudo relacionado ao Direito Individual do Trabalho. Contudo, longe de ser uma obra aprofundada nas matérias e institutos relacionados ao tema, se destaca por sua objetividade e clareza, com exemplos cotidianos tanto da ambiência laboral como da prática na advocacia trabalhista. Para tanto, foram utilizados esquemas, quadros comparativos da antiga e atual legislação, assim como quadro dos mais importantes novos artigos inseridos na CLT.

Acredita-se que muitas alterações ainda surgirão no Direito do Trabalho envoltas as discussões, estudos e polêmicas geradas com a Lei da Reforma e Medida Provisória de 2017, sobretudo na jurisprudência trabalhista. Preocupemo-nos, pois, com o estudo dos princípios e das normas constitucionais, das Convenções e Recomendações da OIT e do Direito Comparado, em busca da interpretação e aplicação acertada de cada uma das recentes modificações na seara juslaboral. Como está escrito em Mateus 6:34: Portanto, não se preocupem com o amanhã, pois o amanhã trará as suas próprias preocupações. Basta a cada dia o seu próprio mal.

A Autora.

Prefácio

Ariane Joice dos Santos, Advogada, Professora e Mestre em Direito do Trabalho e autora do presente livro, é uma educadora nata, que sempre se preocupou com o ensino e a aprendizagem, seja em relação aos alunos ou aos demais profissionais interessados na área, promovendo palestras, cursos e treinamentos.

Primorosa pesquisadora e atenta às atualizações da legislação pertinente, suas atividades profissionais sempre exercidas de forma ética, com firmeza e tenacidade, demonstram que além de uma profunda base sólida de conhecimentos jurídicos, possui também entendimentos modernos mais ajustados à dinâmica social.

Como resultado dessa atuação, surgiu a presente obra, publicada pela conceituadíssima LTr Editora, especializada na temática trabalhista. Obra oportuna em razão da Lei da Terceirização n. 13.429/2017, de Reforma Trabalhista n. 13.467/2017 e da Medida Provisória n. 808, de 14.11.2017.

Trata-se de uma obra completa do Direito do Trabalho atualizada com as modificações trazidas pelas legislações recentes. Ao longo do desenvolvimento dos diversos assuntos relativos ao tema central, o presente livro conforma-se numa didática clara, objetiva e com sólidos argumentos.

É, portanto, livro valioso, necessário e indispensável como instrumento de estudo e consulta aos discentes, docentes, especialistas e interessados no conhecimento atualizado da legislação trabalhista.

Sinto-me lisonjeada por apresentar esta obra que muito contribuirá para o esclarecimento aos diversos setores da sociedade brasileira, tão carentes de informações técnicas, qualificadas e pedagógicas.

São Paulo, março de 2018.

Ana Maria Viola de Sousa
Professora Mestre e Doutora em Direito
pela PUC/SP e Pós-doutora em Direito pela
Universidade de Coimbra, Portugal.

Introdução

O Direito do Trabalho se divide em dois importantes segmentos jurídicos:

1º) Direito Material do Trabalho, o qual se subdivide em outros dois ramos: O Direito Individual do Trabalho e o Direito Coletivo do Trabaho;

2º) Direito Processual do Trabalho.

Esta obra abarca toda a área do Direito Material Individual do Trabalho, compreendido o estudo, interpretação e aplicação do direito relativo à parte histórica, fontes, princípios, sujeitos da relação de emprego e de trabalho, assim como toda disciplina jurídica dos institutos correlatos, desde o contrato de trabalho até a rescisão contratual, além de adentrar nas novidades relacionadas ao dano extrapatrimonial e a prescrição no Direito do Trabalho, com o advento da Lei n. 13.467, de 14 de julho de 2017, denominada Lei da Reforma Trabalhista e Medida Provisória n. 808, de 14 de novembro de 2017, com vigêcia encerrada em 23.4.2018.

A respeito das recentes alterações no Direito do Trabalho em 2017, destaca-se o conteúdo dessa obra no que se refere à:

— Terceirização (Lei n. 13.429, de 31 de março de 2017): permite a terceirização na atividade econômica fim do tomador de serviços;

—Trabalhador autônomo: passa a ter tratamento jurídico específico na Consolidação das Leis do Trabalho — CLT;

— Contrato de trabalho intermitente: nova modalidade de contratação com alternância de períodos de prestação de serviços e de inatividade;

— Teletrabalho: trabalho desenvolvido em distintos locais com a utilização de equipamentos eletrônicos, de tecnologia da informação e diversos meios de comunicação;

— Parcelas salariais e indenizatórias da remuneração: alteração no tratamento jurídico conferido às gratificações, prêmios, dentre outras parcelas.

— Equiparação salarial: inserção de dois novos requisitos para se pleitear a isonomia de salários entre empregados que desempenham as mesmas funções;

— Jornada a tempo parcial: possibilidade de contratação em jornada de até 30 horas semanais;

— Jornada 12 x 36 horas de descanso: possibilidade de ser estabelecida mediante acordo individual escrito;

— Acordo de prorrogação, sistema de compensação e banco de horas: possibilidade de acordo tácito para compensação dentro do próprio mês e banco de horas firmado diretamente entre empregado e empregador para compensação em até 06 meses;

— Fim das horas de trajeto, também denominadas horas in itinere;

— Intervalo para refeição e descanso: nova forma de pagamento quando da violação e possibilidade de redução em, no mínimo, 30 minutos diários, através de negociação coletiva;

— Férias: possibilidade de fracionamento em até três períodos;

— Alteração contratual: Novos requisitos possibilitando acordo entre empregador e empregado que recebe duas vezes o valor do teto da previdência e é portador de diploma de nível superior, com a mesma força das negociações coletivas;

— Garantia no emprego: nova modalidade para trabalhadores da comissão dos representantes dos empregados no local de trabalho em empresas com mais de 200 empregados;

— Acordo entre empregado e empregador na extinção do contrato de trabalho;

— Novas formas e prazos para pagamento das verbas rescisórias.

Passa-se, pois, a análise de cada um dos temas relacionados ao Direito Material Individual do Trabalho, com as novidades e polêmicas trazidas pelas recentes alterações no ordenamento jurídico trabalhista.

1

Introdução ao Direito do Trabalho

1.1. Evolução histórica do direito do trabalho no mundo

1.1.1. Sociedade pré-industrial

Na sociedade pré-industrial, desde os primórdios da humanidade até a Revolução Industrial do século XVIII, não existiam normas jurídicas de proteção ao trabalhador.

1.1.1.1. Escravidão

Na escravidão, os escravos eram equiparados a *coisa*, objeto de escambo (espécie de troca), sem qualquer reconhecimento de direitos, sequer o da dignidade da pessoa humana.[1] A escravidão se perdurou em muitos países até o século XIX, a exemplo do Brasil, com a abolição da escravatura em 1850. Atualmente, ainda existem países que possuem a figura da escravidão de forma legal, como o Sudão e a Coreia do Norte que mantêm criminosos como escravos em campos de concentração.

1.1.1.2. Servidão

Na servidão, os trabalhadores eram obrigados a trabalhar nas terras pertencentes aos seus donos basicamente em troca de proteção militar e política. O trabalho era essencialmente no campo, de forma rudimentar e os camponeses entregavam parte da produção rural aos senhores feudais. A servidão disseminou-se na maioria dos países europeus durante a Idade Média.[2]

1.1.1.3. Corporações de ofício

Nelas, os artesãos do mesmo ramo se agrupavam em determinada localidade para desenvolvimento dos ofícios que passaram a ocorrer não somente no campo, mas também na sociedade urbana, ainda que de modo elementar. Nas corporações existiam três categorias de membros: os mestres, que eram os proprietários oficinas, os companheiros, trabalhadores das oficinas e os aprendizes, menores que recebiam o ensino de determinada profissão[3]. Surgiu na Idade Média e se perdurou até a Revolução Francesa.

1.1.1.4. Locação de serviços

A locação de serviços surgiu no período do Direito Romano como espécie do modelo atual de prestação de serviços, de obra ou empreitada, a partir de um trabalho específico mediante remuneração.[4]

---

(1) NASCIMENTO, Amauri Mascaro. *Iniciação ao direito do trabalho*. 38. ed. São Paulo: LTr, 2013. p. 43.
(2) CASSAR, Vólia Bomfim. *Resumo de direito do trabalho*. 3. ed. Rio de Janeiro: Impetus, 2013. p. 5.
(3) MARTINS, Sergio Pinto. *Direito do trabalho*. 22. ed. São Paulo: Atlas, 2006. p. 4-5.
(4) NASCIMENTO, Amauri Mascaro. *Iniciação ao direito do trabalho*. 38. ed. São Paulo: LTr, 2013. p. 44.

Evolução Histórica do Direito do Trabalho no Mundo	
Sociedade Pré-Industrial	
Escravidão	Trabalhador era equiparado a *coisa*
Servidão	Trabalhadores eram obrigados a trabalhar nas terras pertencentes aos seus donos. Os camponeses entregavam parte da produção rural aos senhores feudais.
Corporações de ofício	Artesãos do mesmo ramo se agrupavam em determinada localidade. Existiam três categorias de membros: mestres (proprietários oficinas), companheiros (trabalhadores) e aprendizes (menores).
Locação	Locação de serviços (prestação de serviços mediante remuneração) e de obra ou empreitada (contrato determinada obra).

1.2. Sociedade industrial

A sociedade industrial teve início em meados do século XVIII com o surgimento da máquina a vapor na Inglaterra e o consequente fornecimento de energia necessária para o funcionamento das máquinas das indústrias localizadas nos grandes centros urbanos.

Esse fenômeno resultou no deslocamento dos trabalhadores da sociedade rural para as indústrias em substituição às antigas formas de trabalho pelo trabalho assalariado. A transformação econômica foi denominada Revolução Industrial como marco do sistema capitalista.

No início da sociedade industrial, o trabalho era desenfreado com jornadas diárias excessivas, salários ínfimos, exploração de menores e mulheres, ausência de proteção aos acidentes do trabalho, época denominada "questão social", em virtude das péssimas condições de trabalho e ausência de normas regulamentando as relações laborais. Nessa época, observou-se que se o trabalhador fosse individualmente reivindicar algum direito perante o seu patrão, poderia sofrer retaliações, surgindo o reconhecimento de algumas associações e sindicatos.

A Revolução Francesa (1789-1799), marco da luta por igualdade, liberdade e fraternidade, contribuiu para o trabalho livre e a não intervenção estatal, reforçando a imposição do liberalismo econômico perante o reconhecimento dos direitos dos trabalhadores.

A transformação do Estado Liberal para o Estado Neoliberalista ocorreu a partir da intervenção do Estado na ordem econômica para por fim à injustiça social que se perdurava nas relações de trabalho. A Igreja Católica contribuiu para o avanço das mudanças a partir de documentos editados reconhecendo o trabalhador como sujeito de direitos, a exemplo da Encíclica *Rerum Novarum* de 1891.

O Direito do Trabalho nasce com a sociedade industrial, o trabalho assalariado e o reconhecimento de direitos a partir da ideia de justiça social.

O constitucionalismo social teve como escopo a inserção dos direitos trabalhistas e sociais fundamentais nos textos das Constituições dos países, sendo a pioneira a Mexicana, em 1917, seguida da Alemã de Weimar, em 1919. [5]

A Organização Internacional do Trabalho, criada pelo Tratado de Versailles em 1919, teve como um de seus membros fundadores o Brasil, o que leva à interpretação de que deve observar todos os Tratados e Convenções da OIT ao menos como princípios.

A Carta Del Lavoro da Itália de 1927, promulgada mediante o regime fascista de Mussolini, serviu de inspiração para a Consolidação das Leis do Trabalho no Brasil em 1943, com o fundamento corporativista do Estado, o que culminou na criação dos sindicatos como entes de função delegada estatal.[6]

Em 1945, houve a criação da Organização das Nações Unidas e em seguida, em 1946, a vinculação da OIT à ONU como agência de estrutura tripartite com representantes de governos, trabalhadores e empregadores para promover a justiça social no âmbito das questões do trabalho internacional.

A Declaração Universal dos Direitos Humano de 1948 também estabeleceu normas de direito do trabalho, sendo um importante diploma no reconhecimento da dignidade da pessoa humana do trabalhador.

1.3. Evolução do direito do trabalho no Brasil

No Brasil, vários decretos e leis ordinárias foram editados em fins de 1800 e começo dos anos de 1900 até a publicação da Consolidação das Leis do Trabalho em 1º de maio de 1943, como trabalho do menor (Decreto n. 1.313, de 1891), organização de sindicatos rurais e urbanos (Decretos ns. 979, de 1903 e 1.637, de 1907, respectivamente), férias (Lei n. 4.982, de 1925), trabalho das mulheres (Decreto n. 21.471, de 1932),[7] convenções coletivas de trabalho (Decreto n. 21.761, de 1932)[8], salário mínimo (Lei n. 185, de 1936), lei infraconstitucional sobre Justiça do Trabalho (Decreto n. 1.237, de 1939),[9] entre outras.

1.4. Consolidação das Leis do Trabalho — CLT

A Consolidação das Leis do Trabalho — CLT, de 1943, editada pelo Decreto-lei n. 5.452/1943, como o próprio nome se refere, consolidou as normas de Direito do Trabalho existentes à época e criou outros dispositivos com base na Carta Del Lavoro da Itália de 1927. Posteriormente, várias normas foram aprovadas ao longo das décadas, como o Decreto n. 605/1949 sobre o repouso semanal remunerado, a Lei n. 4.090/1962 do décimo terceiro salário, (ambas em vigência), a primeira lei de greve, Lei n. 4.330/1964 e do Fundo de Garantia do Tempo de Serviço, Lei n. 5.107/1966, entre outras, até a promulgação da Constituição Federal vigente de 1988.

---

(5) NASCIMENTO, Amauri Mascaro. *Iniciação ao direito do trabalho*. 38. ed. São Paulo: LTr, 2013. p. 45-46

(6) *Ibidem*, p. 46.

(7) DELGADO, Mauricio Godinho. *Curso de direito do trabalho*. 15. ed. São Paulo: LTr, 2016. p. 117.

(8) NASCIMENTO, Amauri Mascaro. *Compêndio de direito sindical*. 5. ed. São Paulo: LTr, 2008. p. 124.

(9) LIMA, Leonardo Tibo Barbosa. *Lições de direito processual do trabalho*. 4. ed. São Paulo: LTr, 2017, p. 60.

1.5. Constituição Federal

Desde 1934, as Constituições brasileiras passaram a disciplinar em seu bojo normas de Direito do Trabalho, até a promulgação da Constituição Cidadã de 1988.

Na Constituição Federal de 1934, houve o reconhecimento dos sindicatos e associações profissionais, da proteção social do trabalhador e a criação Justiça do Trabalho como Órgão do Poder Executivo.

A Constituição Federal de 1937 tratou do trabalho como dever social, exercido de forma honesta, manteve a Justiça do Trabalho como Órgão do Poder Executivo e estabeleceu diversos direitos dos trabalhadores como a modalidade do salário, o salário mínimo, o adicional noturno, a jornada diária de oito horas, o repouso semanal, a proibição de trabalho a menores de 18 anos e a liberdade de associação profissional ou sindical, direitos estes suspensos pelo Decreto n. 10.358, em 1942, pelo Estado de Guerra.

Na Constituição Federal de 1946, a Justiça do Trabalho passou expressamente a ser Órgão do Poder Judiciário e houve reconhecimento de direitos como o de greve e o restabelecimento do direito de liberdade de associação profissional ou sindical, assim como os direitos anteriormente citados que haviam sido suspensos em 1942.

Em 1967, a Constituição reconheceu o Fundo de Garantia do Tempo de Serviço, sem modificações expressivas na atividade sindical. Em 1969, foi editada Emenda Constitucional pelos membros da Junta Militar, não havendo alteração nos direitos trabalhistas previstos na Constituição de 1967.[10]

A Constituição Federal vigente de 1988, também chamada de Constituição Democrática ou Cidadã, disciplinou normas gerais da dignidade pessoa humana (art. 1º, III) que sofrem incidência nas relações de trabalho, a exemplo do direito de liberdade, igualdade e segurança (art. 5º, *caput*), intimidade, privacidade, honra, imagem (art. 5º, X), as quais possuem desdobramentos nos arts. 11 a 21 do Código Civil de 2002 (Capítulo II – Dos Direitos da Personalidade), além da liberdade no exercício de qualquer trabalho, ofício ou profissão e liberdade de associação (art. 5º, XIII e XX). Tratou dos direitos sociais no art. 6º, incidentes, da mesma forma, nas relações de trabalho, como saúde, alimentação, transporte, o lazer, segurança, previdência social, proteção à maternidade, dentre outros, assim como direitos específicos dos trabalhadores urbanos e rurais, previstos nos arts. 7º a 11.

Alguns dispositivos do art. 7º, CF/88, contudo, dependem de regulamentação até os dias de hoje, a exemplo da proteção contra despedida arbitrária ou sem justa causa (art. 7º, I), do adicional de atividades penosas (art. 7º, XXIII,) e da proteção em face da automação (art. 7º, XXVII).

1.6. As recentes alterações do direito do trabalho

O ano de 2017 foi um marco no Direito do Trabalho no Brasil. A primeira grande mudança ocorreu com a aprovação da lei sobre terceirização (Lei n. 13.429, de 31 de março de 2017) que alterou a lei do trabalho temporário (Lei n. 6.019/74) unindo, em único diploma,

---

(10) GARCIA, Gustavo Filipe Barbosa. *Curso de direito do trabalho*. 5. ed. Rio de Janeiro: Forense, 2011. p. 43.

o tratamento jurídico conferido aos trabalhadores terceirizados e temporários. A Lei da Reforma Trabalhista (Lei n. 13.467, de 14 de julho de 2017), veio alterar novamente a Lei n. 6.019/74, diante de inúmeras polêmicas geradas em torno do tema.

A terceirização surgiu no âmbito empresarial como forma de gestão na distribuição de parte da produção para outras empresas prestadoras de serviços, estudada também nas áreas da economia e administração. A terceirização no âmbito justrabalhista é entendida como forma de subcontratação de mão de obra, na qual o tomador dos serviços contrata empresa terceira para disponibilizar trabalhadores que atuarão na ambiência laboral do contratante com isenção da subordinação jurídica. Até 2017, não havia previsão legal, sendo o instituto tratado pela Súmula n. 331 do TST, a qual se consolidara para permitir a terceirização somente na atividade meio do tomador de serviços como nos casos das atividades de vigilância, conservação e limpeza, bem como de serviços especializados ligados à atividade-meio do tomador, desde que inexistente a pessoalidade e a subordinação direta. A subcontratação de mão de obra na atividade-fim só era possível através da intermediação por empresa temporária nos casos de aumento extraordinário de serviço ou substituição regular de pessoal (Lei n. 6.019/74).

A Súmula n. 331, TST, no item IV, criou a responsabilidade subsidiária do tomador dos serviços quando do inadimplemento das obrigações trabalhistas por parte do empregador, desde que o contratante haja participado, no caso de reclamação trabalhista, da relação processual e conste também do título executivo judicial. Caso a real empregadora não possua crédito capaz de suportar as despesas, a tomadora de serviços será responsável subsidiariamente.

Em caso de fraude na terceirização trabalhista, forma-se o vínculo diretamente com o tomador dos serviços, exceto para a Administração Pública direta, indireta ou fundacional (art. 37, II, da CF/1988 e Súmula n. 331, II, TST).

O art. 9º da CLT é taxativo ao dispor que todos os atos que tenham como intuito fraudar a legislação trabalhista são considerados nulos, sendo que, no caso da terceirização irregular, as empresas tomadora e prestadora de serviços respondem solidariamente, nos termos do art. 265 do Código Civil e do art. 2º, § 2º da CLT.

A grande mudança ocorreu em 2017, com a possibilidade de se contratar trabalhadores terceirizados para atuarem na atividade-fim do tomador de serviços, nos termos do art. 4º-A da Lei n. 6019/74:

> **Art. 4º-A.** Considera-se prestação de serviços a terceiros a transferência feita pela contratante da execução de quaisquer de suas atividades, inclusive sua atividade principal, à pessoa jurídica de direito privado prestadora de serviços que possua capacidade econômica compatível com a sua execução.

Em relação à responsabilidade, a subsidiariedade do tomador dos serviços subsiste, nos termos do art. 5º-A da Lei n. 6.019/74:

> **§ 5º-A.** A empresa contratante é subsidiariamente responsável pelas obrigações trabalhistas referentes ao período em que ocorrer a prestação de serviços, e o recolhimento das contribuições previdenciárias observará o disposto no art. 31 da Lei n. 8.212, de 24 de julho de 1991.

A Lei da Reforma Trabalhista teve origem com o projeto de Lei n. 6787-B, apresentado em 23 de dezembro de 2016, pelo Governo Michel Temer na Câmara dos Deputados e foi devidamente aprovada nesta Casa em 26 de abril de 2017, por 296 votos favoráveis e 177 votos contrários, sendo aprovada no Senado Federal, em 11 de julho de 2017, por 50 a 26 votos e sancionada pelo Presidente da República em 13 de julho, publicada a Lei n. 13.467/2017, no dia 14 de julho de 2017, com o prazo de 120 dias para entrada em vigência. O clamor do Governo foi para que a aprovação acontecesse rapidamente nas duas Casas do Congresso Nacional, sem qualquer emenda, pois posteriormente seria editada Medida Provisória tratando dos pontos obscuros e polêmicos da Reforma.

A lei em comento alterou a Consolidação das Leis do Trabalho (Decreto-lei n. 5.452, de 1º de maio de 1943), a Lei n. 6.019, de 3 de janeiro de 1974 (Lei da Terceirização e do Trabalho Temporário), a Lei n. 8.036, de 11 de maio de 1990 (Lei do FGTS) e a Lei n. 8.212, de 24 de julho de 1991 (Lei de Custeio da Previdência Social).

A CLT foi alterada em mais de cem pontos com o objetivo de flexibilizar direitos e com a promessa de retomada do crescimento econômico e geração de empregos.

A Lei n. 6.019/74 foi alterada, pela segunda vez, em 2017, para readequação do conceito de terceirização e de empresa contratante (arts. 4º-A e 5º-A), assim como para estabelecer novas condições asseguradas aos trabalhadores terceirizados (art. 4º-C), além de estabelecer critérios de contratação da empresa prestadora de serviços e prazo de 18 meses para empregado demitido da tomadora não poder prestar serviços para empresa terceirizada, nos termos do art. 5º-C e 5º-D:

> **Art. 5º-C.** Não pode figurar como contratada, nos termos do art. 4º-A desta Lei, a pessoa jurídica cujos titulares ou sócios tenham, nos últimos dezoito meses, prestado serviços à contratante na qualidade de empregado ou trabalhador sem vínculo empregatício, exceto se os referidos titulares ou sócios forem aposentados.

> **Art. 5º-D.** O empregado que for demitido não poderá prestar serviços para esta mesma empresa na qualidade de empregado de empresa prestadora de serviços antes do decurso de prazo de dezoito meses, contados a partir da demissão do empregado.

A Lei n. 8.036/90 do Fundo de Garantia por Tempo de Serviço foi alterada para incluir dispositivo que trata da multa de 20% sobre o saldo dos depósitos do FGTS em caso de rescisão contratual mediante acordo e a Lei de Custeio para determinar quais verbas deixam de ser salariais e passam a ser indenizatórias.

A Medida Provisória n. 808/2017, tão aguardada, foi apresentada na Câmara dos Deputados pelo Presidente Michel Temer e publicada em edição extra do Diário Oficial de 14.11.2017, cumprindo a promessa de alteração de pontos obscuros e polêmicos, três dias após a Lei da Reforma Trabalhista entrar em vigência.

Referida medida alterou 8 pontos da Lei da Reforma Trabalhista. Dentre eles estão o trabalho intermitente, a jornada 12 x 36 horas, o trabalho das gestantes em ambiente insalubre, a natureza jurídica da remuneração, o trabalho do autônomo, o dano extrapatrimonial, a comissão de representantes dos empregados, o enquadramento do grau de insalubridade por meio de negociação coletiva, o recolhimento das contribuições previdenciárias e a aplicação da Lei da Reforma Trabalhista aos contratos de trabalho em vigência.

A Medida Provisória n. 808/2017 recebeu 967 emendas, ou seja, sugestões de alterações no texto, cujas matérias mais incidentes foram o trabalho intermitente, o trabalho da gestante em ambiente insalubre e o fim da contribuição sindical obrigatória.

Teve, como toda e qualquer medida provisória, aplicabilidade imediata e prazo de vigência inicial de 60 dias, sendo prorrogada, em 20.2.2018, por mais 60 dias, porém não foi aprovada no Congresso Nacional, não se tornando, contudo, nova lei. Sua vigência se encerrou no dia 23.4.2018 e sequer fora formada comissão para o seu processamento e julgamento na Câmara dos Deputados, ou seja, não chegou a ser apreciada pelo Senado Federal. A explicação para tanto, dentre inúmeros argumentos, é no sentido de que não havia interesse do presidente da Câmara dos Deputados em pautá-la, já que o texto original da Reforma é o defendido, desde o início, pelo Governo.

Enquanto isso cresce a insegurança jurídica nas relações de trabalho, pois já não se sabe como os temas mais obscuros da Reforma Trabalhista serão tratados daqui em diante. O prejuízo, contudo, é imenso, pois vários pontos elucidados pela MP n. 808/2017 voltarão a ser questionados, sem qualquer resposta normativa.

O Governo promete editar um Decreto regulamentando as relações jurídicas laborais no lapso em que vigorou a medida provisória 808 para elucidar qual lei será aplicável no caso concreto. Com base em tantas mudanças, cresce a insegurança jurídica e inúmeros questionamentos surgem: A medida provisória têm eficácia e aplicabilidade no período de 14.11.2017 à 23.4.2018, com o encerramento de sua vigência? A partir da caducidade da medida, no referido período, qual lei será aplicável no caso concreto, a lei antiga, a Lei da Reforma Trabalhista em seu texto original ou a Medida Provisória? A lei vale para os contratos em vigência ou somente para os novos contratos, já que a MP n. 808/2017 que clareava a questão perdeu a validade?

A tese defendida na presente obra é no sentido de que a aplicabilidade da Lei da Reforma se revela na modulação dos efeitos da lei e deve ser pautada no fundamento de que o contrato de trabalho é de trato sucessivo e, portanto, sofre a incidência da nova lei a partir de 11.11.2017 para os novos atos. Apesar do art. 2º da Medida Provisória n. 808/2017 ter perdido a vigência, entende-se que "A Lei n. 13.467/2017 se aplica, na integralidade, aos contratos de trabalho vigentes". Exceção a essa regra ocorre nos casos de redutibilidade salarial, vedado pela Constituição Federal/88 (art. 7º, VI), como no caso da supressão do pagamento das horas *in itinere* — admitido, contudo, o pagamento de indenização, nos termos da Súmula n. 291 do TST — e alteração da natureza salarial de determinadas verbas remuneratórias para natureza indenizatória, como no caso da ajuda de custo acima de 50% do valor da remuneração, abonos e prêmios habituais.

Além de toda celeuma, existem ainda, os Regulamentos Empresariais e as normas coletivas aplicáveis em cada atividade econômica ou categoria profissional, os quais continuam em vigência, os primeiros, em regra, por prazo indeterminado e as segundas pelo prazo assinalado, conforme Súmulas ns. 51 e 277 do TST.

A Associação Nacional dos Magistrados Trabalhistas — Anamatra, também se posicionaou sobre a Lei n. 13.467/2017, publicando, em 19.10.2017, 125 Enunciados da 2ª Jornada de Direito Material e Processual do Trabalho com o tema Reforma Trabalhista.

Dentre vários assuntos, destacam-se: o entendimento da ausência de consulta tripartite antes da aprovação da lei da Reforma Trabalhista em ofensa à Convenção n. 144 da OIT, ausência de consulta prévia às organizações de trabalhadores em ofensa à Convenção n. 154 da OIT, possibilidade e necessidade dos magistrados trabalhistas realizarem controle difuso de constitucionaliade e controle de convencionalidade das leis, assim como do uso de todos os métodos de interpretação e aplicação das leis.

Nos dias 9 e 10.11.2017 também foram aprovados aproximadamente 45 Enunciados no Simpósio sobre a Reforma Trabalhista no TRT 15ª Região, sobre algumas matérias, como contrariedade da aludida lei aos princípios do acesso à justiça, da hipossuficiência do trabalhador, da inalterabilidade contratual lesiva, da condição mais benéfica, da irredutibilidade de salários, da primazia da realidade e inconstitucionalidade de alguns novos dispositivos celetistas.

Em 6.2.2018, o Pleno do Tribunal Superior do Trabalho se reuniu em 6.2.2018 para discutir sobre a alteração de Súmulas e Orientações Jurisprudenciais em função das mudanças introduzidas pela Reforma Trabalhista. A intenção era de que nessa sessão pudesse ser discutida uma das principais controversas, a modulação dos efeitos da Lei Trabalhista, em especial sobre as matérias de verbas de natureza salarial que passaram a ter natureza indenizatória e percebimento das horas *in itinere* dos trabalhadores com contrato em andamento. No entanto, a sessão foi suspensa para aguardar o julgamento da arguição de inconstitucionalidade do art. 702, inciso I, alínea *"f"*, da CLT que estabelece um duro procedimento para edição e alteração da jurisprudência do Tribunal, sendo que somente a partir desta definição é que deverá ser marcada nova sessão para rediscutir a revisão da jurisprudência.

2

Caracterização do Direito do Trabalho

2.1. Definição

Definir um fenômeno jurídico significa buscar seu gênero próximo e a diferença específica, de forma a se obter sua identificação.

O gênero próximo ao Direito do Trabalho é o Direito Civil, pois ambos regem as relações privadas entre sujeitos particulares; a diferença específica do Direito do Trabalho está no tratamento diferenciado conferido ao empregado hipossuficiente e demais sujeitos da relação de trabalho.

Direito do Trabalho é "o ramo da ciência do direito que tem por objeto as normas, as instituições jurídicas e os princípios que disciplinam as relações de trabalho e determinam os seus sujeitos e as organizações destinadas à proteção desse trabalho em sua estrutura e atividade".[11]

Segundo Mauricio Godinho Delgado, Direito Material do Trabalho, compreendendo o Direito Individual e o Direito Coletivo, define-se como:

> Complexo de princípios, regras e institutos jurídicos que regulam a relação empregatícia de trabalho e outras relações normativamente especificadas, englobando, também, os institutos, regras e princípios jurídicos concernentes às relações coletivas entre trabalhadores e tomadores de serviços, em especial através de suas associações coletivas.[12]

Sobre a divisão do Direito Individual e Coletivo, vamos melhor examiná-la no próximo item.

2.2. Divisão

Direito do Trabalho, assim considerado como Direito Material, pode ser dividido entre Direito Individual e Direito Coletivo.

Direito Individual do Trabalho é um "complexo de princípios, regras e institutos jurídicos que regulam, no tocante às pessoas e matérias envolvidas, a relação empregatícia de trabalho, além de outras relações laborais normativamente especificadas".[13]

Já o Direito coletivo de trabalho, entende-se como:

---

(11) NASCIMENTO, Amauri Mascaro. *Iniciação ao direito do trabalho*. 38. ed. São Paulo: LTr, 2013. p. 60.
(12) DELGADO, Mauricio Godinho. *Curso de direito do trabalho*. 15. ed. São Paulo: LTr, 2016. p. 47.
(13) *Idem*.

Complexo de princípios, regras e institutos jurídicos que regulam as relações laborais de empregados e empregadores, além de outros grupos jurídicos normativamente especificados, considerada sua ação coletiva, realizada autonomamente ou através das respectivas associações.[14]

A divisão está baseada, contudo, nos sujeitos normativamente estudados nas relações de trabalho, se individualmente, ou se em grupo, sendo que neste há, em regra, a incidência da atuação constitucional dos sindicatos na defesa dos interesses dos trabalhadores, conforme preceitua o art. 8º e seus incisos, da Constituição Federal de 1988.

2.3. Características

O Direito Material do Trabalho é caracterizado, em síntese, pela sua origem, evolução histórica, funções e estrutura jurídica.[15]

O Direito do Trabalho surgiu como ruptura de um sistema de ausência de normas para por fim a uma espécie de abuso do exercício regular do direito dos empregadores na exploração da mão de obra.

Sua principal característica, contudo, é a de tentar equilibrar a relação de emprego face ao capital através de normas imperativas, preservando a dignidade da pessoa humana no meio ambiente laboral.

No âmbito estrutural, o Direito do Trabalho compreende não só as normas jurídicas em sentido estrito (Constituição, leis, atos normativos, medidas provisórias) mas, também, os princípios, usos e costumes e se vale da jurisprudência, analogia e do direito comparado, além de outros métodos de interpretação e aplicação do Direito na solução dos conflitos laborais e busca da paz social.

O Direito do Trabalho também tem como característica a normatização das relações de trabalho, assim compreendendo outros sujeitos que não os empregados, como autônomos, eventuais, cooperados, estagiários, os quais serão melhor analisados no item sobre as principais diferenças entre o empregado e outros sujeitos da relação de trabalho.

2.4. Natureza jurídica

O Direito do Trabalho é construído sobre o contrato de trabalho, em que os sujeitos pactuantes são particulares. O Estado apenas cria normas, inclusive de proteção ao empregado, as quais são imperativas e de observância obrigatória com a finalidade de equilibrar essa relação, mas não participa do contrato estabelecido entre as partes.

No ramo do Direito Público, a intervenção estatal existe como expressão de interesse público, normatizando condutas a partir da relação firmada entre Estados ou entre o Estado e os sujeitos particulares.

O Direito Privado estabelece regras incidentes na relação entre particulares, assim considerados sujeitos autônomos na expressão de vontades.

---

(14) DELGADO, Mauricio Godinho. *Curso de direito do trabalho*. 15. ed. São Paulo: LTr, 2016. p. 47.

(15) *Ibidem*, p. 66.

O Direito Social é considerado novo gênero no Direito, como complexo de normas de direito da vida social, tanto do direito privado como do direito público, com fundamento, sobretudo, de que a base do Direito do Trabalho hoje se encontra na Constituição da República.[16]

A posição mais aceita é a de que o Direito do Trabalho é ramo do Direito Privado, pois os atores sociais envolvidos na relação, quer de emprego, quer de trabalho, são entes particulares e pactuantes livres de condições laborais a partir de um contrato, seja ele verbal ou expresso (tácito ou escrito), como função, salário, horário de trabalho etc.

O Direito do Trabalho é, portanto, ramo do Direito Privado, pois regulamenta condutas de particulares firmadas sobre o contrato de trabalho, através de normas imperativas com a finalidade atenuar o desequilíbrio econômico existente entre a relação capital x trabalho.

---

(16) NASCIMENTO, Amauri Mascaro. *Iniciação ao direito do trabalho*. 38. ed. São Paulo: LTr, 2013. p. 82

3

Fontes do Direito do Trabalho

3.1. Conceito

A primeira ideia que surge quando o estudo é sobre fontes, é a concepção da fonte da água como nascente de um rio. No Direito do Trabalho, as fontes são estabelecidas no *caput* do art. 8º da CLT, irretocável com a Reforma Trabalhista:

> Art. 8º As autoridades administrativas e a Justiça do Trabalho, na falta de disposições legais ou contratuais, decidirão, conforme o caso, pela jurisprudência, por analogia, por equidade e outros princípios e normas gerais de direito, principalmente do direito do trabalho, e, ainda, de acordo com os usos e costumes, o direito comparado, mas sempre de maneira que nenhum interesse de classe ou particular prevaleça sobre o interesse público.

As fontes do Direito do Trabalho podem ser divididas entre formais e materiais.

3.2. Fontes materiais

Fontes materiais são consideradas elementos de formação da norma, sejam eles fatos, condutas ou situações contrárias aos usos e bons costumes, daquilo que é razoável, permitido, politicamente ou moralmente aceito, ou ainda, que destoa da conduta do que se entende como "homem médio", e que viola, sobretudo, direito alheio e coloca em risco a boa marcha da ordem social.

3.3. Fontes formais

As fontes formais são os meios de manifestação das normas, o modo como elas se exteriorizam, como são positivadas no mundo jurídico e podem ser heterônomas e autônomas.

3.3.1. Fontes formais heterônomas

As fontes formais heterônomas são emanadas de um terceiro externo à relação empregatícia ou de trabalho, normalmente o Estado, através dos órgãos do Poder Executivo, Legislativo ou Judiciário.

São fontes heterônomas do Direito do Trabalho:

a) Constituição Federal: norma de hierarquia superior, que estabelece regras gerais aplicadas ao trabalho, como dignidade da pessoa humana, isonomia, liberdade, privacidade, intimidade, valores sociais do trabalho e da livre iniciativa, redução das desigualdades sociais, liberdade de exercício de qualquer trabalho, ofício ou profissão, saúde, alimentação, transporte, lazer, segurança, dentre outros previstos nos arts. 5º e 6º da CF/88, e específicas do Direito do Trabalho (fundo de garantia por tempo de serviço, salário mínimo, décimo terceiro salário, adicional noturno, adicional de horas extras, férias mais 1/3, aviso-prévio proporcional ao tempo de serviço, adicional de penosidade, insalubridade, periculosidade, atuação sindical, representação dos trabalhadores na empresa, direito de greve e outros previstos nos arts. 7º a 11 da CF/88.

b) Leis: assim consideradas aquelas emanadas do Poder Legislativo, sejam as leis complementares, ordinárias, especiais e infraconstitucionais em matéria trabalhista, como a própria CLT (denominada Decreto-lei n. 5452/1943, mas considerada lei ordinária), as leis que regulamentam os tipos de trabalhadores como os domésticos (Lei n. 5.859/72), rurais (Lei n. 5.889/73), temporários (Lei n. 6.019/74) e as profissões como médicos (Lei n. 3.999/61), advogados (Lei n. 8.906/94), contadores (Lei n. 9.295/46), motoristas (Lei n. 13.103/15), leis que regulamentam direitos previstos no art. 7º da CF/88 como a do fundo de garantia por tempo de serviço (Lei n. 8.036/90), aviso-prévio proporcional (Lei n. 12.506/2011), lei que regulamenta o direito de greve (Lei n. 7.783/89), entre outras.

c) Atos administrativos do Poder Executivo: são os decretos e os regulamentos emanados do Presidente da República, estabelecidos no art. 84, IV, CF/88, a exemplo, o Decreto n. 27.048/49 que regulamenta a lei do descanso semanal remunerado (Lei n. 605/49); o Decreto n. 57.155/65 que regulamenta o décimo terceiro salário (Lei n. 4.090/62); Decreto n. 99.684/90 que regulamenta a lei do FGTS; Decreto n. 71.885/73 a lei dos domésticos; Decreto n. 73.626/74, a lei dos rurais; Decreto n. 73.841/74, a lei dos temporários, entre outros.

d) Sentença normativa: é a proferida pelos Tribunais Regionais do Trabalho ou Tribunal Superior do Trabalho no julgamento dos dissídios coletivos, estabelecendo normas a serem observadas pelas partes na solução de um conflito coletivo de trabalho como reajustes salariais e o fornecimento do vale alimentação aos trabalhadores.

A Reforma Trabalhista, houve por bem, criar o § 3º do art. 8º da CLT para dispor:

> **Art. 8º**
> (...)
> § 3º No exame de convenção coletiva ou acordo coletivo de trabalho, a Justiça do Trabalho analisará exclusivamente a conformidade dos elementos essenciais do negócio jurídico, respeitado o disposto no art. 104 da Lei n. 10.406, de 10 de janeiro de 2002 (Código Civil), e balizará sua atuação pelo princípio da intervenção mínima na autonomia da vontade coletiva.

Com isso, pretendeu o legislador, não só relativizar o Poder Normativo da Justiça do Trabalho, mas mitigar a atuação do Órgão Judiciário na criação de normas incidentes nas relações laborais através da sentença normativa, com fundamento na intervenção mínima na autonomia da vontade das partes. Para tanto, na análise do conflito coletivo, a Justiça do Trabalho analisará exclusivamente os elementos essenciais do acordo ou convenção coletiva de trabalho, nos termos do art. 104 do Código Civil.[17]

---

(17) Art. 104, CC. A validade do negócio jurídico requer:
  I – agente capaz;
  II – objeto lícito, possível, determinado ou determinável;
  III – forma prescrita ou não defesa em lei.

e) Jurisprudência: é a consolidação dos julgamentos reiterados dos Tribunais (no mesmo sentido) sobre determinada matéria, exteriorizada através das Súmulas, Orientações Jurisprudenciais, Precedentes Normativos e prevista no art. 8º, CLT como fonte que pode ser utilizada na falta de disposições legais ou contratuais.

A Reforma Trabalhista inseriu o § 2º, no art. 8º da CLT para dispor:

> **Art. 8º** (...)
> **§ 2º** Súmulas e outros enunciados de jurisprudência editados pelo Tribunal Superior do Trabalho e pelos Tribunais Regionais do Trabalho não poderão restringir direitos legalmente previstos nem criar obrigações que não estejam previstas em lei.

Esse novo regramento encontra fundamento no art. 5o, II, da CF/88, no sentido de que "ninguém é obrigado a fazer ou deixar de fazer algo senão em virtude de lei".

O que o legislador pretendeu foi reafirmar o princípio da separação dos poderes (Executivo, Legislativo e Judiciário) constitucionalmente previsto no art. 2º da CF/88, impedindo que a Justiça do Trabalho, como Órgão do Poder Judiciário, exerça função exclusiva do Legislativo, a de criar leis.

Exemplo de criação de obrigação através da jurisprudência é o item II da Súmula n. 90 do TST que trata das horas *in itinere*, a saber:

> Súmula n. 90, TST
>
> (...)
>
> II – A incompatibilidade entre os horários de início e término da jornada do empregado e os do transporte público regular é circunstância que também gera o direito às horas *in itinere*.

Esse dispositivo criou espécie de direito não previsto em lei aos trabalhadores que se deslocassem de suas residências para ida e retorno ao trabalho em local de difícil acesso, com transporte fornecido pelo empregador e não servido por transporte público regular, ao passo que determinou o direito às horas *in itinere* não só na presença dos requisitos legais do art. 58, § 2º, CLT, mas também na hipótese de incompatibilidade entre os horários de início e término da jornada e os do transporte público regular.

O disposto nos art. 702, I, *"f"*, e § 3º, CLT estabelece requisitos para o Tribunal Superior do Trabalho criar Súmulas:

> **Art. 702** (...)
> f) estabelecer ou alterar súmulas e outros enunciados de jurisprudência uniforme, pelo voto de pelo menos dois terços de seus membros, caso a mesma matéria já tenha sido decidida de forma idêntica por unanimidade em, no mínimo, dois terços das turmas em pelo menos dez sessões diferentes em cada uma delas, podendo, ainda, por maioria de dois terços de seus membros, restringir os efeitos daquela declaração ou decidir que ela só tenha eficácia a partir de sua publicação no Diário Oficial;

> **Art. 702** (...)
> **§ 3º** As sessões de julgamento sobre estabelecimento ou alteração de súmulas e outros enunciados de jurisprudência deverão ser públicas, divulgadas com, no mínimo, trinta dias de antecedência, e deverão possibilitar a sustentação oral pelo Procurador-Geral do Trabalho, pelo Conselho Federal da Ordem dos Advogados do Brasil, pelo Advogado-Geral da União e por confederações sindicais ou entidades de classe de âmbito nacional.

O Pleno do Tribunal Superior do Trabalho se reuniu no dia 6.2.2018 para analisar a revisão de Súmulas contrárias à Lei da Reforma Trabalhista, mas encontrou óbice nos requisitos citados, tendo que adiar a sessão para aguardar a análise do STF sobre a arguição de inconstitucionalidade dos referidos artigos.

a) Sentença Arbitral: é a decisão proferida por um árbitro, terceiro escolhido pelas partes para solução de um conflito, e tem como base normativa a Lei n. 9.307/1996.

Inicialmente, a arbitragem só era permitida nas relações coletivas de trabalho, por força do estabelecido no art. 114, § 1º, CF: "frustrada a negociação coletiva, as partes poderão eleger árbitros".

A Lei da Reforma Trabalhista (13.467/17) inovou ao permitir a arbitragem no Direito Individual do Trabalho, através do art. 507-A da CLT:

> **Art. 507-A.** Nos contratos individuais de trabalho cuja remuneração seja superior a duas vezes o limite máximo estabelecido para os benefícios do Regime Geral de Previdência Social, poderá ser pactuada cláusula compromissória de arbitragem, desde que por iniciativa do empregado ou mediante a sua concordância expressa, nos termos previstos na Lei n. 9.307, de 23 de setembro de 1996.

Assim, a partir de 11.11.2017, empregados que percebam duas vezes o valor do chamado teto dos benefícios da Previdência, poderão pactuar, expressamente com seus empregadores, cláusula compromissória de arbitragem, assim entendida como "a convenção através da qual as partes em um contrato comprometem-se a submeter à arbitragem os litígios que possam vir a surgir, relativamente a tal contrato" (art. 4º da Lei n. 9.307/1996).

3.3.2. Fontes formais autônomas

As fontes formais autônomas são assim denominadas por serem realizadas pelas próprias partes da relação de trabalho, ou seja, entre empregados e empregadores ou entre estes e o sindicato dos trabalhadores, ou, ainda, entre os próprios sindicatos patronal e profissional.

São fontes autônomas do Direito do Trabalho, os acordos e as convenções coletivas de trabalho, usos e costumes e o regulamento interno de empresa.

a) Acordo Coletivo de Trabalho: é o acordo firmado entre o empregador e o sindicato dos trabalhadores no estabelecimento de normas sobre salários, benefícios e condições de trabalho no âmbito empresarial da base territorial do sindicato pactuante, cujas normas incidem somente aos trabalhadores daquela determinada localidade e da respectiva empresa.

b) Convenção Coletiva de Trabalho: é o documento formalizado entre o sindicato dos empregadores (patronal) e o sindicato dos trabalhadores (profissional), previsto no art. 611, *caput*, da CLT. As normas estabelecidas nas convenções coletivas têm abrangência na base territorial dos respectivos sindicatos e incidem nos contratos de trabalho de toda categoria profissional em que se pactuam as respectivas condições contratuais.

c) Usos e Costumes: são fontes formais do Direito do Trabalho, assim considerados condutas reiteradas de determinado grupo ou classe social e previstos no art. 8º, CLT. Entende-se por costume: "conduta que abrange grupo de maior alcance, enquanto o uso é mais restrito".[18]

---

(18) GARCIA, Gustavo Filipe Barbosa. *Curso de direito do trabalho*. 5. ed. Rio de Janeiro: Forense, 2011. p. 72.

Existem costumes *contra legem*, ou seja, contrários à lei, *secundum legem*, segundo a própria lei, e *praeter legem*, que não são contrários, nem tampouco previstos em lei. Exemplo de costume no Direito do Trabalho é o art. 460 da CLT, que estabelece ao empregado contratado sem estipulação do salário ou não havendo prova da importância ajustada, salário igual ao de outro empregado que fizer serviço equivalente, ou do que for pago habitualmente, no sentido de costumeiramente.[19]

d) Regulamento Interno de Empresa: também chamado de Regimento Interno Empresarial, o Regulamento Interno de Empresa é o documento formulado pelo empregador sobre normas de conduta de observância dos empregados que não estejam previstas na lei, nem tampouco no contrato ou em acordo ou convenção coletiva de trabalho. Seu reconhecimento como fonte formal não é unânime, em virtude de se tratar, em regra, de documento confeccionado unilateralmente pelo empregado, sendo tratado nas Súmulas ns. 51, 77 e 186 do TST.

3.3.3. Fontes formais de Direito Internacional

a) Tratados Internacionais: os tratados internacionais são fontes do Direito do Trabalho ao passo que estabelecem preceitos relativos a normas gerais e específicas das relações de trabalho, a exemplo do Tratado Internacional sobre Direitos Humanos e dos Tratados entre os países estabelecendo regras do trabalho estrangeiro.

b) Convenções e Recomendações da OIT: a Organização Internacional do Trabalho, adota convenções e recomendações em matéria trabalhista de observância obrigatória pelos países que as ratificam. No Brasil, a ratificação decorre de um procedimento legislativo e as convenções ingressam no ordenamento jurídico interno como lei em sentido amplo (fonte formal heterônoma).

3.4. Analogia, equidade, princípios gerais de direito

A analogia, equidade e os princípios gerais de direito são meios supletivos de lacunas do ordenamento jurídico.

O art. 8º da CLT estabelece que na falta de disposições legais ou contratuais, as autoridades decidirão pela jurisprudência, por analogia, por equidade e outros princípios e normas gerais de direito, principalmente do direito do trabalho, e, ainda, de acordo com os usos e costumes, o direito comparado.

Os arts. 4º e 5º da Lei de Introdução as Normas do Direito Brasileiro — LINDB, estabelecem:

> Art. 4º Quando a lei for omissa, o juiz decidirá o caso de acordo com a analogia, os costumes e os princípios gerais de direito.
>
> Art. 5º Na aplicação da lei, o juiz atenderá aos fins sociais a que ela se dirige e às exigências do bem comum.

Para Maria Helena Diniz, analogia "consiste em aplicar, a um caso não regulado de modo direto ou específico por uma norma jurídica, uma prescrição normativa prevista

---

(19) GARCIA, Gustavo Filipe Barbosa. *Curso de direito do trabalho*. 5. ed. Rio de Janeiro: Forense, 2011. p. 72.

para uma hipótese distinta, mas semelhante ao caso não contemplado, fundando-se do motivo da norma e não na identidade do fato".[20]

A equidade pode ser entendida como a adaptação da norma jurídica a uma situação particular, individualizada por circunstâncias específicas, com a finalidade de solucionar o caso concreto.[21]

Princípios gerais de direito como fonte supletiva, também chamados de "princípios normativos subsidiários, cumprem papel em situações de lacunas nas fontes jurídicas principais do sistema", permitida pela legislação geral (art. 4º, LINDB) e especial trabalhista (art. 8º CLT).[22]

3.5. Compatibilidade das fontes do Direito do Trabalho e a Reforma Trabalhista

O art. 8º da CLT, em seu parágrafo único, antes da Lei da Reforma Trabalhista, estabelecia a necessidade de compatibilidade entre o Direito Material do Trabalho e outros diplomas. Essa compatibilidade, também chamada de diálogo das fontes ou interdisciplinariedade, sempre foi entendida como a aproximação entre os diversos ramos do Direito, a partir da interpretação e aplicação dos mais variados diplomas legais na solução de um litígio.

Com a aprovação da Reforma, referido dispositivo foi alterado, passando a ter a seguinte redação no formato de parágrafo primeiro:

> Art. 8º (...)
> § 1º O direito comum será fonte subsidiária do direito do trabalho.

Com essa nova regra, entende-se que o legislador pretendeu a aplicação do direito comum como fonte subsidiária do Direito do Trabalho, ainda que incompatível com os princípios deste. A exemplo, podemos citar os arts. 133 e 137 do CPC/2015 que exigem a notificação dos sócios quando da desconsideração da personalidade jurídica em afronta ao princípio da hipossuficiência do empregado, que muitas vezes ficará sem haver seu crédito em virtude da possibilidade do sócio ter tempo hábil para transferir bens a terceiros.

Assim, tem-se que a necessidade de intimação dos sócios prevista nos arts. 133 e 137 do CPC/2015 é incompatível com o princípio da hipossuficiência do empregado previsto nos arts. 28 e 50 do Código Civil e art. 6º, VIII, CDC, no entanto, a partir da Reforma, passa a ter incidência como fonte subsidiária do Direito (processual) do Trabalho.

---

(20) DINIZ, Maria Helena. *As lacunas no direito*. Adaptada ao novo Código Civil (Lei n. 10.406, de 10.1.2002). 8. ed. São Paulo: Saraiva, 2007. p. 140-141.
(21) ROMAR, Carla Teresa Martins. *Direito do trabalho esquematizado*. São Paulo: Saraiva, 2013. p. 65
(22) DELGADO, Mauricio Godinho. *Curso de direito do trabalho*. 15. ed. São Paulo: LTr, 2016. p. 177.

4

Princípios do Direito do Trabalho

4.1. Conceito

Princípio, como o próprio nome diz, é o começo, o início de todas as coisas e serve de base para necessárias transformações ao longo dos anos. Para o Direito, os princípios servem não somente como baliza na criação de novas regulações sociais, mas também como integração na solução de um caso concreto na ausência da lei.[23]

Os princípios são, pois, "preceitos fundamentais de uma determinada disciplina e, como tal, servem de fundamento para seus institutos e para sua evolução".[24] Estão previstos no art. 4º da Lei de Introdução as Normas do Direito Brasileiro — LINDB e no art. 8º da CLT.

No Direito do Trabalho, os princípios são de suma importância para justificar a existência das normas de proteção ao trabalho, em especial sobre a necessidade de intervenção do Poder Público através da criação das normas juslaborais para equilíbrio da relação capital x trabalho, compreendendo aquelas de proteção ao hipossuficiente, considerado-o economicamente mais fraco.

Os princípios do Direito do Trabalho norteiam, ainda, a forma de interpretação e aplicação das normas em caso de dúvida ou conflito, e limitam condutas de violação aos direitos conquistados ao longo dos séculos e consolidados sob a ótica do trabalho livre, porém subordinado.

O estudo dos princípios, no atual cenário nacional, se torna indispensável estar a par das recentes mudanças legislativas que alteraram significativamente as principais questões das relações de trabalho, quer para validá-las, quer para confrontá-las.

Para tanto, serão analisados os princípios primordiais à disciplina.

4.2. Princípio da proteção ou princípio protetor

O princípio da proteção, também chamado de princípio protetor, é considerado o princípio maior da relação de emprego, pois protege a parte hipossuficiente, considerada economicamente a mais fraca na relação empregatícia (empregado), visando atenuar o desequilíbrio do contrato de trabalho. A existência desse princípio se justifica, haja vista que, de plano, não existe empregado economicamente mais rico que o seu patrão.

A proteção ocorre de diversas formas, quer em relação à elaboração das normas, quer no tratamento conferido pelos mais diversos órgãos legalmente previstos para aplicação das

---

(23) Art. 4º da Lei de Introdução as Normas do Direito Brasileiro: Quando a lei for omissa, o juiz decidirá o caso de acordo com a analogia, os costumes e os princípios gerais de direito.

(24) ROMAR, Carla Teresa Martins. *Direito do trabalho esquematizado*. São Paulo: Saraiva, 2013. p. 43.

leis trabalhistas e defesa dos direitos dos trabalhadores, tais como sindicatos, Ministério do Trabalho, Ministério Público do Trabalho, Justiça do Trabalho, entre outros.

Com a Reforma Trabalhista, advoga-se pela relativização desse princípio com fundamento na nova previsão normativa da autonomia da vontade e da intervenção mínima do Poder Normativo da Justiça do Trabalho do art. 8º, § 3º, da CLT[25], assim como na expressa previsão legal no sentido de que o empregado que recebe duas vezes o valor do teto dos benefícios da Previdência, e possui diploma de nível superior, pode ajustar condições de trabalho diretamente como o empregador, acima do que estabelece a lei, com a mesma força que possui o sindicato nas negociações coletivas em relação às matérias previstas no art. 611-A, CLT.

> Art. 444 – As relações contratuais de trabalho podem ser objeto de livre estipulação das partes interessadas em tudo quanto não contravenha às disposições de proteção ao trabalho, aos contratos coletivos que lhes sejam aplicáveis e às decisões das autoridades competentes.
>
> **Parágrafo único.** A livre estipulação a que se refere o *caput* deste artigo aplica-se às hipóteses previstas no art. 611-A1 desta Consolidação, com a mesma eficácia legal e preponderância sobre os instrumentos coletivos, no caso de empregado portador de diploma de nível superior e que perceba salário mensal igual ou superior a duas vezes o limite máximo dos benefícios do Regime Geral de Previdência Social.

Esse novel levou a ideia de que o hipossuficiente passaria a ser agora o hipersuficiente na relação de trabalho se preenchidos os requisitos do parágrafo único do art. 444 da CLT, por receber salário, em 2018, igual ou acima de R$ 11.291,60 por mês e possuir diploma universitário. Indaga-se, contudo, se aquele que recebe R$ 20.000,00 por mês e não possui nível superior ou aquele que possui formação com especialização, pós-graduação, mestrado e doutorado, mas recebe, por exemplo, R$ 10.000,00 por mês, continua sendo o mais fraco nessa relação.

Referido disposto será, no entanto, analisado novamente no capítulo "Alteração do Contrato de Trabalho".

O princípio da proteção se desdobra em outros 03 princípios ou em outras 03 dimensões distintas, conforme as lições de Américo Plá Rodriguez, quais sejam, princípio *in dubio pro operario*, princípio da norma mais favorável, princípio da condição mais benéfica.[26]

4.2.1. Princípio in dúbio pro operário

Esse princípio significa que na dúvida quando da interpretação da norma, do sentido da regra, deve se optar por aquela que beneficiar o hipossuficiente, ou seja, o mais fraco na relação de trabalho. Ex: análise de lei estrangeira duvidosa quanto à sua interpretação aplicável a trabalhador brasileiro.

4.2.2. Princípio da norma mais favorável

Significa dizer que, na elaboração, no confronto entre as normas e na interpretação, não importando a hierarquia entre elas, aplica-se a norma que for mais favorável ao trabalhador.

---

(25) Art. 8º, § 3º, CLT: No exame de convenção coletiva ou acordo coletivo de trabalho, a Justiça do Trabalho analisará exclusivamente a conformidade dos elementos essenciais do negócio jurídico, respeitado o disposto no art. 104 da Lei n. 10.406, de 10 de janeiro de 2002 (Código Civil), e balizará sua atuação pelo princípio da intervenção mínima na autonomia da vontade coletiva.

(26) RODRIGUEZ, Américo Plá. *Princípios de direito do trabalho*. 3. ed. atual. São Paulo: LTr, 2000. p. 85.

Ex.: Convenção coletiva de trabalho estabelece maiores e melhores condições de trabalho não previstas na Constituição Federal.

4.2.3 Princípio da condição mais benéfica

Esse princípio diz respeito à prevalência da circunstância mais vantajosa aos contratos de trabalho, na análise de um conflito existente. Ex: Empresa que retirou o café com pão e manteiga do lanche da tarde dos trabalhadores.

4.3. Princípio da primazia da realidade sobre a forma

O princípio da primazia da realidade sobre a forma, significa dizer que deve ser observado o que de fato acontece na prática habitual laboral, independentemente do que fora pactuado entre empregado e empregador quando da admissão deste nos quadros funcionais da empresa.

Esse princípio tem como fundamento o fato de que não se pode mascarar uma condição de fato existente, com o intuito principal de fraudar a legislação trabalhista e os cofres públicos ao deixar de recolher os impostos decorrentes dessa relação. O art. 9º da CLT é taxativo ao dispor que: "Serão nulos de pleno direito os atos praticados com o objetivo de desvirtuar, impedir ou fraudar a aplicação dos preceitos contidos na presente Consolidação".

A Súmula n. 12 do TST estabelece que: "As anotações apostas pelo empregador na carteira profissional do empregado não geram presunção *juris et de jure*, mas apenas *juris tantum*".

Assim, caso por exemplo o empregador faça constar, tanto no contrato como na Carteira de Trabalho função diversa da que o empregado de fato exerça, prevalecerá a que for executada na prática, ou seja, no dia a dia do ambiente laboral.

4.4. Princípio da imperatividade das normas trabalhistas

Esse princípio diz respeito ao fato de que as regras jurídicas trabalhistas são de observância obrigatória e não podem ser afastadas através de simples pactuação contratual.

Encontra-se em choque com a nova disposição celetista no sentido de que o empregado a partir de 11.11.2017, através da Lei da Reforma Trabalhista, pode negociar diretamente com seu patrão nos mesmos moldes do sindicato de sua categoria, ou seja, acima da lei e em relação às matérias elencadas no art. 611-A, CLT, se preenchidos os requisitos do parágrafo único do art. 444, CLT, no caso do empregado ser portador de diploma de nível superior e perceber salário mensal igual ou superior a duas vezes o limite máximo dos benefícios do Regime Geral de Previdência Social.

Vale ressaltar, todavia, que o *caput* do respectivo artigo não foi alterado, sendo vedada qualquer estipulação que contravenha às disposições de proteção ao trabalho, as normas coletivas que lhes sejam aplicáveis e às decisões das autoridades competentes.

4.5. Princípio da irrenunciabilidade (ou indisponibilidade) de direitos

Esse princípio é o desdobramento do princípio da imperatividade das normas trabalhistas e diz respeito ao fato de que o empregado, na relação de trabalho, não pode renunciar direitos legalmente ou normativamente previstos, ainda que ele queira[27].

---

(27) Art. 468, CLT. Nos contratos individuais de trabalho só é lícita a alteração das respectivas condições por mútuo consentimento, e ainda assim desde que não resultem, direta ou indiretamente, prejuízos ao empregado, sob pena de nulidade da cláusula infringente desta garantia.

Conforme alhures explanado, houve novo sentido de interpretação de tais princípios sob a ótica da novel legislação celetista reformada para empregados que percebam duas vezes o valor do teto dos benefícios da Previdência Social e possuam diploma de nível superior, uma vez que o parágrafo único do art. 444 da CLT permite, nestas condições, a negociação individual com prevalência sobre a lei em relação às matérias elencadas no art. 611-A, CLT.

No entanto, prevalece o entendimento de que, estando o *caput* do art. 444 intacto pela Reforma, as normas de proteção ao trabalho, as normas coletivas e as decisões das autoridades competentes não podem ser violadas, ainda que as partes tenham essa intenção, sob pena de nulidade (art. 9º, CLT). A exemplo, o próprio vínculo de emprego com as respectivas anotações na carteira de trabalho que não podem ser objeto de opção de livre pactuação. Outra ilustração é o gozo das férias anuais, que não pode ser opcional ao trabalhador, não podendo ele "abrir mão" desse direito, ainda que possua o desejo de, contribuindo com seu empregador e ganhando mais, não usufruir do descanso anual.

4.6. Princípio da continuidade da relação de emprego

O princípio em tela revela que o contrato é de trato sucessivo, e se perdura no tempo. Seu fundamento ideológico está no sentido de que empregado deve se manter no emprego e ser protegido contra despedida sem justo motivo.

Encontra base legal no art. 7º, I da CF/88 o qual estabelece a proteção da relação de emprego contra despedida arbitrária ou sem justa causa, nos termos de lei complementar, que preverá indenização compensatória, entre outros direitos. A indenização a que alude tal dispositivo é a multa de 40% sobre o saldo dos depósitos do FGTS, prevista no art. 10, I, ADCT e art. 18, § 1º, da Lei n. 8.036/90, pode, em sua modalidade, ser revista pelo legislador a qualquer tempo, o que não se permite é sua extirpação do ordenamento jurídico.

Outros fundamentos legais do princípio da continuidade da relação de emprego são os arts. 10 e 448 da CLT, que tratam da sucessão de empregadores e da continuidade dos contratos de trabalho em vigência, assim como o art. 443, §§ 1º e 2º da CLT que trata das espécies de contrato de trabalho a prazo determinado como exceção ao princípio em tela. [28]

A jurisprudência, através da Súmula n. 212 do TST, estabelece que "o ônus de provar o término do contrato de trabalho, quando negados a prestação de serviço e o despedimento, é do empregador", não com apoio no princípio da continuidade da relação de emprego, mas na presunção favorável em prol do empregado.

4.7. Princípio da intangibilidade salarial

Estabelece que o salário é intangível, protegido contra reduções ilegais, descontos indevidos, não previstos ou proibidos por lei.

O salário do empregado é verba de natureza alimentar, garantia da própria subsistência deste e de sua família. Por esse motivo, não merece sofrer descontos ao arrepio da lei, como ocorre nos casos em que o empregador transfere o risco da atividade econômica ao empregado, descontando valores de seu salário a título de prejuízos financeiros em decorrência da crise ou insucesso no modo de gestão empresarial.

---

(28) DELGADO, Mauricio Godinho. *Curso de direito do trabalho*. 15. ed. São Paulo: LTr, 2016. p. 214-215.

O art. 462, *caput*, e § 1º da CLT é taxativo ao dispor que ao empregador é vedado efetuar qualquer desconto nos salários do empregado, senão por motivos de adiantamentos, dispositivos de lei ou contrato coletivo, além da ocorrência de dano causado pelo empregado em caso de dolo ou outras possibilidades acordadas entre as partes. Nesta última hipótese se enquadram os descontos a título de culpa do empregado por negligência (omissão como descuido, desatenção, desleixo), imprudência (ação sem cautela, sensatez, com excesso e fora do senso comum) ou imperícia (falta de habilidade, capacitação técnica). Exemplo muito comum de culpa do empregado decorre da quebra das máquinas e equipamentos durante execução dos serviços e das multas de trânsito com veículo da empresa, haja vista que, via de regra, nenhum trabalhador deseja causar dano ao patrimônio do empregador, sendo que, nestas hipóteses, o empregado deverá concordar expressamente com o desconto.

Os descontos legalmente previstos se referem às contribuições previdenciárias e fiscais, pensão alimentícia com base, via de regra, em determinação judicial, contribuição sindical mediante autorização[29], faltas injustificadas etc., e normativamente previstos as demais contribuições para o sindicato (assistencial e confederativa), coparticipação nos planos de saúde e odontológicos, dentre outras.

4.8. Princípio da inalterabilidade contratual lesiva

Esse princípio revela que o contrato de trabalho não pode ser unilateralmente modificado para prejudicar o empregado. Encontra positivado nos arts. 444 e 468 ambos no *caput*, da CLT, irretocáveis pela Reforma Trabalhista.

O contrato de trabalho não pode ser alterado para lesar o trabalhador, ainda que este seja um desejo das partes. As alterações nos contratos individuais de trabalho só podem ocorrer, segundo a lei, "por mútuo consentimento, e ainda assim desde que não resultem, direta ou indiretamente, prejuízos ao empregado, sob pena de nulidade da cláusula infringente desta garantia" (art. 468, CLT). Exemplo de garantia é o desdobramento deste princípio em outro princípio, o da irredutibilidade de salário, que por força constitucional não permite a redução de salários mediante acordo individual, mas somente através de negociação coletiva, e ainda assim desde que a jornada de trabalho também seja reduzida (art. 7º, VI e XIII, CF).

As alterações contratuais serão melhor elucidadas no capítulo destinadas a elas, adiante tratadas.

---

(29) A Reforma Trabalhista tornou opcional a contribuição sindical mediante prévia e expressa autorização do empregado — art. 578, CLT.

5

Sujeitos da Relação de Emprego

5.1. Empregado

O conceito de empregado decorre da presença dos requisitos do art. 3º da CLT: "Considera-se empregado toda pessoa física que prestar serviços de natureza não eventual a empregador, sob a dependência deste e mediante salário". Passe-se, contudo, a análise destes.

a) Pessoa física: para ser empregado é necessário ser pessoa física, excluída a hipótese de registro na carteira de trabalho o vínculo estabelecido entre tomador e prestador de serviços por Microempreendedor Individual — MEI ou prestador de serviços autônomo como pessoa jurídica.

Não se confunde, contudo, a possibilidade destes prestarem serviços na forma de "pejotização", expressão conferida pela doutrina e jurisprudência para indicar fraude na contratação de pessoas físicas através de empresas constituídas. Nesse caso, haverá fraude e todos os atos praticados serão nulos de pleno direito (art. 9º, CLT), com o reconhecimento do vínculo de emprego e pagamento das verbas trabalhistas daí decorrentes.

b) Continuidade: Este requisito revela que o empregado deve prestar serviços habitualmente, como expressão do princípio da continuidade da relação de emprego, firmado no contrato de trabalho de trato sucessivo.

A Reforma Trabalhista relativizou o requisito da continuidade ao regulamentar o trabalho intermitente, trazendo para a formalidade os chamados "bicos", espécies de trabalhos eventuais, desenvolvidos uma vez ou outra, sem habitualidade, portanto, através da alteração do art. 443, *caput*, CLT e do novel art. 452-A, CLT. O contrato de trabalho intermitente será analisado mais adiante em item específico nessa obra.

c) Subordinação: diz respeito ao trabalho prestado pelo empregado mediante ordens emanadas do empregador, através de seus sócios, prepostos, diretores, gestores, chefes, as quais, se proferidas dentro do exercício regular do direito devem ser observadas, em virtude do poder de controle do empregador, sob pena do empregado sofrer punições como advertências, suspensões e até despedida por justa causa por ato indisciplina ou de insubordinação (art. 482, h, CLT).

d) Onerosidade: significa que o trabalho subordinado é contraprestado mediante salário ou em forma de bens. Na relação de emprego, há a prestação de serviços e em troca o pagamento em dinheiro ou através do salário *in natura*, como "alimentação, habitação, vestuário ou outras prestações que a empresa, por força do contrato ou do costume, fornecer habitualmente ao empregado" (art. 458, CLT).

e) Pessoalidade: revela que o contrato de trabalho é firmado com pessoa específica, não podendo haver substituição da mão de obra por terceiros. O contrato de trabalho, é, portanto, personalíssimo, na medida em que não admite a prestação de serviços por pessoa diversa da que pactuou as condições de trabalho com o empregador. A exemplo, cita-se uma professora que deseja enviar sua prima, também professora, para ministrar aulas em seu lugar. Isso não é possível pelo fato de que o vínculo de emprego se formou em virtude das qualificações científicas, experiência e habilidades da professora contratada e não de sua prima.

Ao lado da figura do empregado, do art. 3º da CLT, estão os empregados domésticos e rurais, que possuem regramentos específicos, nas Leis ns. 5.859/72 e 5.889/73, respectivamente.

A exclusividade não é requisito para formação do vínculo de emprego, uma vez que é absolutamente possível determinado empregado prestar serviços para mais de um empregador, desde que os horários sejam compatíveis, como no caso daquele que trabalha durante o dia como porteiro e no período noturno como garçom. Em caso de prestação de serviços para mais de um empregador do mesmo grupo econômico, na mesma jornada de trabalho, será considerado contrato único, salvo ajuste em contrário, a teor da Súmula n. 129 do TST.[30]

Para a formação do vínculo empregatício é necessária a presença de todos os requisitos, concomitantemente, sendo que, se afastado um dos requisitos estudados — à exceção da continuidade na modalidade de contrato de trabalho intermitente — não haverá se falar em vínculo de emprego, mas em outra espécie de trabalho, como autônomo, voluntário, dentre outros, conforme será abordado no item sobre as principais diferenças entre empregado e demais figuras jurídicas da relação de trabalho.

5.2. Empregador

O art. 2º da CLT define empregador como "a empresa, individual ou coletiva, que, assumindo os riscos da atividade econômica, admite, assalaria e dirige a prestação pessoal de serviços". O § 1º do citado dispositivo equipara ao empregador, os profissionais liberais, as instituições de beneficência, as associações recreativas ou outras instituições sem fins lucrativos.

Empregador é a empresa, de fato ou de direito, a pessoa jurídica de direito público ou privado, empresa pública, sociedade de economia mista ou a pessoa física que admite trabalhador como empregado para fins exclusivos da relação de emprego. A par desse conceito, cita-se a empresa que não está constituída formalmente perante os órgãos públicos, assim entendida como ente despersonificado representado pelo titular da empresa ou do estabelecimento, as associações com as mais diversas finalidades, as entidades do terceiro setor, nelas incluídas as organizações não governamentais, dentre outras que atuarem como tomadoras de serviços empregatícios. Exclui-se do conceito de empregador, o exercício de atividades ilegais, como jogo do bicho e tráfico de drogas.

---

(30) Súmula n. 129, TST: A prestação de serviços a mais de uma empresa do mesmo grupo econômico, durante a mesma jornada de trabalho, não caracteriza a coexistência de mais de um contrato de trabalho, salvo ajuste em contrário.

O empregador assume os riscos da atividade econômica, reafirmando o seu papel de parte mais forte na relação de trabalho, economicamente assim entendido. Não pode transferir os riscos para o empregado, descontando dos salários prejuízos decorrentes do exercício da sua atividade econômica. Ao dirigir a própria atividade, desenvolve poderes inerentes a sua formação e estrutura, como poder de organização, poder de controle e poder disciplinar.

5.2.1. Poder de direção do empregador: formas de manifestação

O poder de direção do empregador se desdobra em outros três poderes:

a) Poder de organização: a empresa possui a discricionariedade de organizar sua atividade empresarial, como a definição dos ramos de atividade, setores, turnos de trabalho, escalas, jornadas, tipos de contratação, forma de pagamento dos salários, elaboração de regulamento interno, etc.

b) Poder de controle: é a capacidade de controlar a atividade empresarial, embasado na relação de trabalho estabelecida, refletida na atividade do empregado. A par do contrato de trabalho, é possível estabelecer e posteriormente controlar as atividades desenvolvidas, o cumprimento dos horários, o uso efetivo dos Equipamentos de Proteção Individual — EPIs, dentre outras obrigações decorrentes da atividade laboral.

c) Poder disciplinar: É a possibilidade do empregador utilizar de modos disciplinares para garantir o trabalho de modo efetivo, como advertências na modalidade verbal ou escrita, suspensão e aplicação da justa causa (art. 482, CLT). O uso do poder disciplinar não pode extrapolar o exercício regular do direito, entendendo-se como razoável, a sequência das punições em caso de condutas faltosas de natureza "leve" do empregado, como atrasos, algumas faltas injustificadas, desleixos, oportunidade em que poderá receber advertências, posteriormente suspensão, podendo até chegar a demissão por justa causa. A doutrina enfatiza a proibição da dupla punição — punir o empregado duas vezes pelo mesmo fato — e aplicação direta da justa causa em caso de conduta de natureza leve do empregado, sendo a punição, neste caso, desproporcional.

5.2.2. Grupo econômico

Antes da Reforma Trabalhista, o grupo econômico era legalmente previsto e caracterizado por uma empresa principal que coordenava as demais, também chamada de "empresa mãe" ou *holding*. Essa figura é bem retratada através de uma pirâmide, onde existe a empresa no topo comandando as demais subordinadas, constituindo o grupo econômico por subordinação ou vertical.

Com as alterações trazidas pela Lei n. 13.467/2017, para que se forme um grupo econômico, é necessário que haja interesse em comum entre as empresas, configurando o grupo por coordenação, como a empresa rural que produz e exporta seus produtos, numa dinâmica horizontal ou de cooperação.

A redação do § 2º, do art. 2º da CLT foi substancialmente alterada para excluir a figura da empresa principal e cada uma das subordinadas, sendo criado o § 3º para estabelecer o interesse integrado e comum, além da atuação conjunta das empresas integrantes do grupo econômico, afastando o grupo por mera identidade de sócios:

Consolidação das Leis do Trabalho Texto anterior à reforma trabalhista	Consolidação das Leis do Trabalho Texto após à reforma trabalhista
Art. 2º Considera-se empregador a empresa, individual ou coletiva, que, assumindo os riscos da atividade econômica, admite, assalaria e dirige a prestação pessoal de serviço.	Art. 2º (...)
§ 2º Sempre que uma ou mais empresas, tendo, embora, cada uma delas, personalidade jurídica própria, estiverem sob a direção, controle ou administração de outra, **constituindo grupo industrial, comercial ou de qualquer outra atividade econômica**, serão, para os efeitos da relação de emprego, solidariamente responsáveis a **empresa principal e cada uma das subordinadas**.	§ 2º Sempre que uma ou mais empresas, tendo, embora, cada uma delas, personalidade jurídica própria, estiverem sob a direção, controle ou administração de outra, **ou ainda quando, mesmo guardando cada uma sua autonomia, integrem grupo econômico**, serão responsáveis solidariamente **pelas obrigações decorrentes** da relação de emprego.
	§ 3º Não caracteriza grupo econômico a mera identidade de sócios, sendo necessárias, para a configuração do grupo, a demonstração do interesse integrado, a efetiva comunhão de interesses e a atuação conjunta das empresas dele integrantes. (NR)

A aplicação prática jurídica da caracterização do grupo econômico decorre da responsabilidade entre as empresas na efetivação do crédito trabalhista.

Caso se trate de sócio que possui mais de um empreendimento em ramos de atividades distintos e que não se relacionam comercialmente, não haverá atuação conjunta ou comunhão de interesses e as empresas não serão solidariamente responsáveis para os fins dos créditos trabalhistas, como, por exemplo, sócio que possui um restaurante e uma gráfica. Caso contrário, havendo interesse na atividade das empresas, todas responderão pelo crédito, podendo o empregado exequente acionar qualquer uma delas, sem ordem qualquer ordem de preferência, por força dos arts. 2º, § 2º, da CLT e 275 do Código Civil de 2002.[31]

---

(31) Com o cancelamento da Súmula n. 205 do TST, o entendimento atual é de que o responsável solidário que não participou da relação processual de conhecimento pode ser incluído na fase de execução.

5.2.3. Sucessão

Sucessão trabalhista significa a mudança da estrutura jurídica da empresa por fusão, incorporação, cisão, venda ou transferência, e não afeta os contratos de trabalho em vigência (arts. 10 e 448 da CLT)[32].

O art. 10-A, trazido pela nova sistemática juslaboral, estabelece a responsabilidade do sócio retirante pelas obrigações trabalhistas do período em que figurou como sócio. A regra incidente antes da Reforma era a prevista no parágrafo único do art. 1.003 do Código Civil, sendo o sócio retirante responsável pelas obrigações do contrato até dois anos depois de averbada a modificação do contrato, e nesse período respondia solidariamente com o sucessor. O novo dispositivo em estudo alterou a forma de responsabilização daquele ao estabelecer responsabilidade subsidiária, no entanto, elasteceu o período em que ficará responsável, qual seja, nas ações ajuizadas até dois anos depois de averbada a modificação do contrato e não no prazo prescricional de dois anos após a extinção do contrato de trabalho:

> **Art. 10-A.** O sócio retirante responde subsidiariamente pelas obrigações trabalhistas da sociedade relativas ao período em que figurou como sócio, somente em **ações ajuizadas até dois anos depois de averbada a modificação do contrato**, observada a seguinte ordem de preferência:
> I – a empresa devedora;
> II – os sócios atuais; e
> III – os sócios retirantes.
> **Parágrafo único.** O sócio retirante responderá solidariamente com os demais quando ficar comprovada fraude na alteração societária decorrente da modificação do contrato.

Quanto à ordem de preferência, o legislador regulamentou o que já acontecia na prática processual trabalhista, já que, via de regra, a empresa devedora sempre fora a primeira a ser acionada e posteriormente os sócios atuais, para somente após ser atingido o patrimônio daquele que se retirou da sociedade.

O art. 448-A da CLT, inserido pela Reforma, da mesma forma, nada traz de novidade em relação ao que já ocorria na prática da seara laboral em relação à responsabilidade da empresa sucessora pelo contrato de trabalho, quer em relação às obrigações passadas, quer sobre às presentes e futuras. No mesmo sentido, é o parágrafo único, ao punir a empresa sucedida com a responsabilidade solidária quando ficar comprovada a fraude (art. 9º, CLT):

> **Art. 448-A.** Caracterizada a sucessão empresarial ou de empregadores prevista nos arts. 10 e 448 desta Consolidação, as obrigações trabalhistas, inclusive as contraídas à época em que os empregados trabalhavam para a empresa sucedida, são de responsabilidade do sucessor.
> **Parágrafo único.** A empresa sucedida responderá solidariamente com a sucessora quando ficar comprovada fraude na transferência.

Passamos, pois, à análise dos demais sujeitos da relação de trabalho.

---

(32) Art. 10, CLT – Qualquer alteração na estrutura jurídica da empresa não afetará os direitos adquiridos por seus empregados.
Art. 448, CLT – A mudança na propriedade ou na estrutura jurídica da empresa não afetará os contratos de trabalho dos respectivos empregados.

6
Sujeitos da Relação de Trabalho

6.1. Principais diferenças entre empregado e outros sujeitos da relação de trabalho

Em primeiro plano, insta estabelecer, em suma, a diferença entre relação de emprego e relação de trabalho. Enquanto a relação de trabalho trata de gênero que engloba todos os tipos de prestação de serviços, excluídos dessa interpretação apenas aqueles realizados por profissionais liberais diretamente a seus clientes, consumidores finais (art. 114, I, CF/88), relação de emprego diz respeito à pactuação estabelecida entre empregado e empregador com base no contrato de trabalho e presença dos requisitos dos arts. 2º e 3º da CLT.

O estudo das principais diferenças entre a figura do empregado e demais sujeitos da relação de trabalho é de suma importância, pois visa o enquadramento jurídico correto do trabalhador e consequentemente dos direitos incidentes nessa relação, quer aqueles previstos na legislação geral (CLT), quer os específicos que decorrem das profissão ou do modo de prestação desses serviços.

Para ser empregado, devem estar presentes os requisitos do vínculo empregatício previstos no art. 3º da CLT, como ser o prestador pessoa física, exercer o trabalho com continuidade (à exceção do contrato intermitente — art. 443, § 3º, da CLT), com subordinação, onerosidade e pessoalidade.

Essa principal figura jurídica da relação de emprego se diferencia das demais, ao passo que nestas não há a presença de todos os requisitos essenciais da formação do vínculo, em especial o da subordinação.

6.1.1. Trabalhador autônomo

O conceito de trabalhador autônomo está previsto no art. 4º, alínea "c" da Lei n. 5.890/73:

Art. 4º: Para os efeitos desta lei, considera-se:

(...)

c) trabalhador autônomo — o que exerce habitualmente, e por conta própria, atividade profissional remunerada; o que presta serviços a diversas empresas, agrupado ou não em sindicato, inclusive os estivadores, conferentes e assemelhados; o que presta, sem relação de emprego, serviço de caráter eventual a uma ou mais empresas; o que presta serviço remunerado mediante recibo, em caráter eventual, seja qual for a duração da tarefa.

Diferencia-se principalmente da figura do empregado porque não incidente o requisito da subordinação nessa relação, vez que o trabalhador autônomo dirige sua própria prestação de serviços e não recebe ordens do tomador contratante.

A Reforma Trabalhista, entendeu por bem, acrescentar o tratamento jurídico a ser conferido ao autônomo no art. 442-B, CLT, gerando inúmeras dúvidas e polêmicas acerca do tema. Para muitos, a Reforma adentrou em questão que foge à essência da CLT que é de preceitos normativos incidentes na relação de emprego. Para outros, o art. 442-B, retrata o que os operadores do Direito do Trabalho já lidavam antes das alterações, com a figura do autônomo sem os requisitos do vínculo de emprego ou do empregado na presença destes, simplesmente:

Consolidação das Leis do Trabalho Texto após a Reforma Trabalhista	Medida Provisória n. 808, de 14.11.2017
Art. 442-B. A contratação do autônomo, cumpridas por este todas as formalidades legais, **com ou sem exclusividade**, de forma contínua ou não, afasta a qualidade de empregado prevista no art. 3º desta Consolidação.	Art. 442-B. A contratação do autônomo, cumpridas por este todas as formalidades legais, de forma contínua ou não, afasta a qualidade de empregado prevista no art. 3º desta Consolidação. § 1º É vedada a celebração de cláusula de exclusividade no contrato previsto no *caput*. § 2º Não caracteriza a qualidade de empregado prevista no art. 3º o fato de o autônomo prestar serviços a apenas um tomador de serviços. § 3º O autônomo poderá prestar serviços de qualquer natureza a outros tomadores de serviços que exerçam ou não a mesma atividade econômica, sob qualquer modalidade de contrato de trabalho, inclusive como autônomo. § 4º Fica garantida ao autônomo a possibilidade de recusa de realizar atividade demandada pelo contratante, garantida a aplicação de cláusula de penalidade prevista em contrato. § 5º Motoristas, representantes comerciais, corretores de imóveis, parceiros, e trabalhadores de outras categorias profissionais reguladas por leis específicas relacionadas a atividades compatíveis com o contrato autônomo, desde que cumpridos os requisitos do caput, não possuirão a qualidade de empregado prevista o art. 3º. § 6º Presente a subordinação jurídica, será reconhecido o vínculo empregatício. § 7º O disposto no caput se aplica ao autônomo, ainda que exerça atividade relacionada ao negócio da empresa contratante.

A Medida Provisória n. 808, de 14 de novembro de 2017, modificou o *caput* do referido artigo para excluir como a figura da exclusividade no trabalho autônomo. É certo que a exclusividade nunca fora requisito do vínculo de emprego, motivo pelo qual andou bem a MP n. 808/2017 ao retirar a expressão "com ou sem exclusividade" do *caput* do referido artigo, não restando dúvidas de que essa condição não é essencial para o reconhecimento do vínculo empregatício. No entanto, sua vigência se esgotou em 23.4.2018.

O autônomo, portanto, é aquele que presta serviços de natureza contínua ou não, cumpridas as formalidades legais. Nos termos dos §§ 1º e 2º do art. 442-B da CLT, inseridos pela MP n. 808/2017 (vigência encerrada), se o autônomo só prestasse serviços para um tomador, este fato por si só, não geraria o vínculo empregatício, havendo a necessidade da comprovação da presença dos requisitos do art. 3º, da CLT.

No entanto, o requisito da continuidade restou presente no conceito do autônomo e se manteve mesmo com as alterações de 14.11.17, podendo este prestar serviços de forma contínua ou não, ou seja, ainda que a prestação de serviços ocorra com habitualidade, não haverá o vínculo de emprego com o tomador dos serviços.

O § 3º do referido dispositivo, inserido pela MP n. 808/2017, revelara que o autônomo poderia prestar serviços a outros tomadores em qualquer modalidade de contratação, inclusive como empregado e esse fato não geraria o vínculo de emprego com o tomador cuja espécie de contratação tivesse ocorrido à modalidade de prestação de serviços autônomos.

A MP previu ainda que, dado o fato de que o autônomo é livre para organizar sua atividade profissional, ele poderia recusar realizar atividade demandada pelo contratante, garantia aplicação de multa contratual, se houvesse (art. 442-B, § 4º, da CLT).

Já o § 5º foi estabelecido para reiterar o fato de que os autônomos que cumprissem os requisitos, não possuiriam a qualidade de empregado, ainda que fossem profissionais de categorias reguladas por leis específicas.

Como exposto no início do estudo do presente item, o requisito da subordinação, não é único, mas determinante para a configuração do vínculo de emprego, o que a MP reforçou ao inserir o § 6º no art. 442-B da CLT.

Por fim, o § 7º também fruto da MP n. 808/2017, não faz diferença entre o fato de o autônomo prestar serviços ou não à atividade do tomador dos serviços, não sendo este fator determinante para nulidade da contratação, como no caso de engenheiro que presta serviços para a empresa de engenharia. Ressalte-se, mais uma vez, o fato de que a MP 808/2017 teve vigência no prazo de 14.11.2017 à 23.4.2018.

6.1.2. Trabalhador eventual

O trabalhador eventual é aquele que desenvolve suas atividades na prestação de serviços periódicos e se difere da figura do empregado por não restar presente o requisito da habitualidade e na maioria das vezes da subordinação, uma vez que o eventual pode prestar serviços como trabalho "subordinado de curta duração" ou com autonomia.[33] Para o trabalho de curta duração existem os contratos a prazo determinado e a nova modalidade de contratação como trabalhador intermitente, ambos com subordinação jurídica. Por este fato, a melhor diferenciação encontra fundamento entre o eventual enquanto autônomo e a figura do empregado, sobretudo porque aquele normalmente presta serviços não ligados à atividade-fim do tomador dos serviços, como no caso do jardineiro.

6.1.3. Trabalhador avulso

Trabalhador avulso é aquele que labora nas atividades de movimentação de mercadorias em geral, quer seja nos portos, realizando atividades de carregamento e descarregamento

---

(33) DELGADO, Mauricio Godinho. *Curso de direito do trabalho.* 15. ed. São Paulo: LTr, 2016. p. 363.

de mercadorias nos navios, quer seja nos centros urbanos, desempenhando, por exemplo, tais atividades nas feiras, quer seja na área rural, conforme estabelece o art. 7º, XXXIV, CF e Lei n. 12.023/2009.

A Constituição prevê igualdade de direitos entre o trabalhador com vínculo empregatício permanente e o trabalhador avulso.

Difere da figura do empregado, porque o avulso não tem vínculo de emprego com o tomador dos serviços, e nessa modalidade de contratação há a intermediação obrigatória do sindicato da categoria, por meio de Acordo ou Convenção Coletiva de Trabalho ou por empresa fornecedora de mão de obra para execução das atividades.

6.1.4. Trabalhador temporário

O trabalhador temporário é o substituto de pessoal regular ou atua mediante acréscimo extraordinário de serviços do tomador de serviços e encontra regulamentação na Lei n. 6.019/74, alterada duas vezes no ano de 2017, através das Lei n. 13.429, de 31 de março (Lei da Terceirização) e Lei n. 13.467, de 14 de julho (Lei da Reforma Trabalhista).

O atual art. 2º da Lei n. 6.019/74 estabelece o novo conceito de trabalhado temporário:

> **Art. 2º** Trabalho temporário é aquele prestado por pessoa física contratada por uma empresa de trabalho temporário que a coloca à disposição de uma empresa tomadora de serviços, para atender à necessidade de substituição transitória de pessoal permanente ou à demanda complementar de serviços. (Redação dada pela Lei n. 13.429, de 2017)

Entende-se por substituição temporária de pessoal a que resultar, por exemplo, da necessidade de trabalhador para substituir empregada de licença-maternidade ou empregado afastado por acidente. Já a demanda complementar diz respeito ao acréscimo extraordinário de serviços, como no caso das vendas de natal, dia das mães etc.

Essa modalidade se difere do empregado contratado a prazo determinado pela CLT, basicamente pelo fato da contratação ocorrer necessariamente através de empresa temporária (fornecedora de mão de obra) e do prazo do contrato de trabalho. Antes da Lei n. 13.429/2017, essa contratação ocorria pelo prazo de três meses, sendo aumentado para cento e oitenta dias, podendo ser prorrogado por até noventa dias, de forma consecutiva ou não, nos termos dos novos §§ 1º e 2º do art. 10 da Lei n. 6.019/74. Vale dizer que o trabalhador temporário somente poderá ser colocado à disposição da mesma tomadora de serviços em novo contrato temporário após noventa dias do término do contrato anterior, nos termos do novel § 5º do citado art. 10. Na inobservância, será caracterizado vínculo empregatício com a tomadora de serviços, nos termos do § 6º do art. 10, também inserido pela Lei n. 13.429/17.

Vale ressaltar que as atividades do trabalhador temporário podem ser prestadas na modalidade fim do tomador de serviços, não gerando, portanto, vínculo empregatício com a empresa contratante, nos termos do § 3º do art. 9º e do art. 10 da Lei:

> Art. 9º.
>
> (...)
>
> § 3º O contrato de trabalho temporário pode versar sobre o desenvolvimento de atividades-meio e atividades-fim a serem executadas na empresa tomadora de serviços.

Art. 10. Qualquer que seja o ramo da empresa tomadora de serviços, não existe vínculo de emprego entre ela e os trabalhadores contratados pelas empresas de trabalho temporário.

Outra diferença importante é que não se aplica ao trabalhador temporário, contratado pela tomadora de serviços, o contrato de experiência previsto no parágrafo único do art. 445 da CLT, nos termos do § 4º do art. 10 da Lei do trabalho temporário.

No que se refere à responsabilização, o novo § 7º do art. 10 da Lei, estabelece que "a contratante é subsidiariamente responsável pelas obrigações trabalhistas referentes ao período em que ocorrer o trabalho temporário".

Por fim, no caso de falência da empresa de trabalho temporário, a empresa tomadora ou cliente será solidariamente responsável pelos salários, indenizações e recolhimento das contribuições previdenciárias, no tocante ao tempo em que o trabalhador esteve sob suas ordens, assim como em referência ao mesmo período, nos termos do art. 16 da Lei n. 6.019/74.

6.1.5. Trabalhador terceirizado

O trabalhador terceirizado é contratado por empresa prestadora de serviços para desenvolver suas atividades, via de regra, no meio ambiente laboral do tomador dos serviços, sem subordinação jurídica.

A Súmula n. 331 do TST sempre tratou do tema para definir que:

I – A contratação de trabalhadores por empresa interposta é ilegal, formando-se o vínculo diretamente com o tomador dos serviços, salvo no caso de trabalho temporário (Lei n. 6.019, de 3.01.1974).

II – A contratação irregular de trabalhador, mediante empresa interposta, não gera vínculo de emprego com os órgãos da Administração Pública direta, indireta ou fundacional (art. 37, II, da CF/1988).

III – Não forma vínculo de emprego com o tomador a contratação de serviços de vigilância (Lei n. 7.102, de 20.6.1983) e de conservação e limpeza, bem como a de serviços especializados ligados à atividade-meio do tomador, desde que inexistente a pessoalidade e a subordinação direta.

IV – O inadimplemento das obrigações trabalhistas, por parte do empregador, implica a responsabilidade subsidiária do tomador dos serviços quanto àquelas obrigações, desde que haja participado da relação processual e conste também do título executivo judicial.

V – Os entes integrantes da Administração Pública direta e indireta respondem subsidiariamente, nas mesmas condições do item IV, caso evidenciada a sua conduta culposa no cumprimento das obrigações da Lei n. 8.666, de 21.6.1993, especialmente na fiscalização do cumprimento das obrigações contratuais e legais da prestadora de serviço como empregadora. A aludida responsabilidade não decorre de mero inadimplemento das obrigações trabalhistas assumidas pela empresa regularmente contratada.

VI – A responsabilidade subsidiária do tomador de serviços abrange todas as verbas decorrentes da condenação referentes ao período da prestação laboral.

Observa-se que referida Súmula tratava da terceirização somente na atividade meio do tomador de serviços como nos casos das atividades de vigilância, conservação e limpeza ou serviços especializados. A subcontratação de mão de obra na atividade-fim só era possível através da intermediação por empresa temporária nos casos de aumento extraordinário de serviço ou substituição regular de pessoal (Lei n. 6.019/74) conforme estudado no item anterior.

Como visto, o art. 9º da CLT é taxativo ao dispor que todos os atos que tenham como intuito fraudar a legislação trabalhista são considerados nulos, sendo que, no caso da terceirização irregular, as empresas tomadora e prestadora de serviços respondem solidariamente, nos termos do art. 265 do Código Civil e do art. 2º, § 2º, da CLT.

Com a Lei da Terceirização de 2017 (Lei n. 13.429) passou a ser admitida a contratação de trabalhadores terceirizados para atuarem na atividade-fim do tomador de serviços, nos termos do art. 4º-A da Lei n. 6019/74:

> **Art. 4-A.** Considera-se prestação de serviços a terceiros a transferência feita pela contratante da execução de quaisquer de suas atividades, inclusive sua atividade principal, à pessoa jurídica de direito privado prestadora de serviços que possua capacidade econômica compatível com a sua execução.

Em relação à responsabilidade, subsiste a subsidiariedade do tomador dos serviços, nos termos do art. 5º-A da Lei n. 6.019/74:

> **Art. 5º-A.**
> **§ 5º** A empresa contratante é subsidiariamente responsável pelas obrigações trabalhistas referentes ao período em que ocorrer a prestação de serviços, e o recolhimento das contribuições previdenciárias observará o disposto no art. 31 da Lei n. 8.212, de 24 de julho de 1991.

A Lei que trata da terceirização estabelece, ainda, no art. 4º-A, § 2º, que "não se configura vínculo empregatício entre os trabalhadores, ou sócios das empresas prestadoras de serviços, qualquer que seja o seu ramo, e a empresa contratante".

Já o art. 4º-C, § 1º, cria a opção da contratante e contratada poderem estabelecer, que os empregados da contratada farão jus a salário equivalente ao pago aos empregados da contratante, além de outros direitos.

Contudo, a principal diferença entre o empregado e o trabalhador terceirizado, reside no fato de que este prestará serviços para o tomador através de empresa contratada prestadora de serviços, sem subordinação jurídica com o tomador, ainda que atue em sua atividade-fim. Para tanto, a empresa prestadora deverá possuir gestor com a incumbência de fazer a "ponte" no relacionamento entre os terceirizados e a empresa contratante, principalmente no tocante a diretrizes e formas de execução das atividades no dia a dia, a fim de não gerar subordinação entre o tomador e os trabalhadores terceirizados, sob pena de nulidade de toda contratação.

6.1.6. Voluntário

O trabalhador voluntário encontra regramento na Lei n. 9.608/98, sendo a pessoa física que desenvolve atividade não remunerada a entidade pública de qualquer natureza ou a instituição privada de fins não lucrativos que tenha objetivos cívicos, culturais, educacionais, científicos, recreativos ou de assistência à pessoa (art. 1º da Lei n. 9.608/98).

O parágrafo único do art. 1º da Lei é taxativo ao dispor que "o serviço voluntário não gera vínculo empregatício, nem obrigação de natureza trabalhista previdenciária ou afim".

As principais diferenças entre o empregado e o voluntário residem no fato de que aquele celebra contrato de trabalho com o empregador, enquanto este firma termo de adesão com a Instituição, além da ausência da figura da onerosidade, visto que o empregado recebe salário, enquanto o voluntário é ressarcido pelas despesas que comprovadamente realizar no desempenho das atividades voluntárias, desde que esta condição seja expressamente autorizadas pela entidade a que for prestado o serviço voluntário, nos termos dos arts. 2º e 3º da Lei em referência.

6.1.7. Cooperado

A primeira legislação pertinente ao trabalhador cooperado foi a Lei n. 5.764/71 que define a política nacional de cooperativismo e institui o regime jurídico das sociedades cooperativas, seguida da Lei n. 9.867/99, a qual dispõe sobre a criação e o funcionamento de cooperativas sociais, visando à integração social dos cidadãos

O Código Civil de 2002, disciplina a matéria nos arts. 1.093 a 1.096.

A Lei n. 12.690/2012 que dispõe sobre a organização e o funcionamento das Cooperativas de Trabalho, estabelece, no art. 2º, o conceito de Cooperativa de Trabalho como sendo:

> Art. 2º Considera-se Cooperativa de Trabalho a sociedade constituída por trabalhadores para o exercício de suas atividades laborativas ou profissionais com proveito comum, autonomia e autogestão para obterem melhor qualificação, renda, situação socioeconômica e condições gerais de trabalho.

O art. 5º da referida Lei é claro ao dispor que "a Cooperativa de Trabalho não pode ser utilizada para intermediação de mão de obra subordinada", sendo esta a principal diferença entre o sócio cooperado e o empregado.

Nesse sentido, é o art. 442, parágrafo único, da CLT: "Qualquer que seja o ramo de atividade da sociedade cooperativa, não existe vínculo empregatício entre ela e seus associados, nem entre estes e os tomadores de serviços daquela".

A legislação mais atual sobre o tema garante alguns direitos aos sócios cooperados, além de outros que a assembleia geral venha a instituir: (art. 7º, Lei n. 12.690/2012):

> Art. 7º (...)
>
> (...)
>
> I – retiradas não inferiores ao piso da categoria profissional e, na ausência deste, não inferiores ao salário mínimo, calculadas de forma proporcional às horas trabalhadas ou às atividades desenvolvidas;
>
> II – duração do trabalho normal não superior a 8 (oito) horas diárias e 44 (quarenta e quatro) horas semanais, exceto quando a atividade, por sua natureza, demandar a prestação de trabalho por meio de plantões ou escalas, facultada a compensação de horários;
>
> III – repouso semanal remunerado, preferencialmente aos domingos;
>
> IV – repouso anual remunerado;
>
> V – retirada para o trabalho noturno superior à do diurno;
>
> VI – adicional sobre a retirada para as atividades insalubres ou perigosas;
>
> VII – seguro de acidente de trabalho.

Essas são, portanto, as principais diferenças entre o trabalhador cooperado e o empregado.

6.1.8. Estagiário

A previsão legal do contrato de estagiário está prevista na Lei n. 11.788/08, a qual diferencia esta figura do empregado em alguns principais aspectos:

1º: A contratação é firmada através de termo de compromisso entre o estagiário, as instituições concedentes (que oferecem estágio) e de ensino (em que o estagiário estuda), podendo, ainda, ser realizado através de agentes de integração (que indicam estagiários para a realização de estágio) e não através de contrato de trabalho — arts. 5º, § 3º, 7º e 9º, da Lei n. 11.788/08.

2º: O estagiário tem carga de trabalho diferenciada em relação ao empregado, não podendo ultrapassar 4 (quatro) horas diárias e 20 (vinte) horas semanais, no caso de estudantes de educação especial e dos anos finais do ensino fundamental, na modalidade profissional de educação de jovens e adultos; 6 (seis) horas diárias e 30 (trinta) horas semanais, no caso de estudantes do ensino superior, da educação profissional de nível médio e do ensino médio regular; e 40 (quarenta) horas semanais para o estágio relativo a cursos que alternam teoria e prática, nos períodos em que não estão programadas aulas presenciais, desde que isso esteja previsto no projeto pedagógico do curso e da instituição de ensino (art. 10, I, II e § 1º, da Lei de estágio.

3º: Estagiário poderá receber bolsa ou outra forma de contraprestação que venha a ser acordada, sendo compulsória a sua concessão, bem como a do auxílio-transporte, na hipótese de estágio não obrigatório (não recebe salários), sendo que a eventual concessão de benefícios relacionados a transporte, alimentação e saúde, entre outros, não caracteriza vínculo empregatício (art. 12, *caput* e § 1º da Lei).

4º: Estágio é ato educativo escolar supervisionado e o estagiário não recebe ordens, mas orientações, e o desempenho de suas atividades, cumpridos os requisitos do art. 3º, da Lei de estágio, não cria vínculo empregatício de qualquer natureza.

6.1.9. Aprendiz

O contrato de aprendizagem é previsto nos arts. 7º, XXXIII, da CF/88 e 428, CLT.

Art. 7º (...)

(...)

XXXIII – proibição de trabalho noturno, perigoso ou insalubre a menores de dezoito e de qualquer trabalho a menores de dezesseis anos, salvo na condição de aprendiz, a partir de quatorze anos;

Art. 428. Contrato de aprendizagem é o contrato de trabalho especial, ajustado por escrito e por prazo determinado, em que o empregador se compromete a assegurar ao maior de 14 (quatorze) e menor de 24 (vinte e quatro) anos inscrito em programa de aprendizagem formação técnico-profissional metódica, compatível com o seu desenvolvimento físico, moral e psicológico, e o aprendiz, a executar com zelo e diligência as tarefas necessárias a essa formação.

As principais diferenças entre o aprendiz e o empregado dizem respeito à limitação da idade (entre 14 e 24 anos), ao fato de que aquele deverá estar inscrito em programa de aprendizagem formação técnico-profissional metódica compatível com o seu desenvolvimento físico, moral e psicológico, além do contrato de aprendizagem não poder ser estipulado por mais de 2 (dois) anos, exceto quando se tratar de aprendiz portador de deficiência (art. 428, *caput* e § 3º, CLT).

7

Contrato De Trabalho

7.1. Denominação e conceito

Contrato de trabalho é o ajuste firmado entre empregado e empregador que designa a relação empregatícia, nos moldes dos arts. 2º e 3º, CLT.

Seu conceito está no art. 442 da CLT: "Contrato de trabalho é o acordo tácito ou expresso correspondente a relação de emprego".

O contrato de trabalho, assim entendido como o contrato de emprego, pode ser estabelecido de forma verbal, tácita ou expressa, e ainda por tempo determinado ou indeterminado, conforme será adiante estudado.

7.2. Natureza Jurídica

A natureza jurídica consiste em declarar a essência e composição do contrato de trabalho, o qual é firmado segundo uma relação subordinada, porém com a característica de um trabalho livre, pois as partes têm autonomia para estabelecer o vínculo e as condições contratuais incidentes nessa relação.

7.2.1. Teoria do Contratualismo

Para essa teoria, a relação entre empregado e empregador é considerada um contrato. A vontade das partes é a única que pode constituir o vínculo jurídico, pois inexiste trabalho forçado ou escravo no ordenamento jurídico interno.[34]

Essa teoria é adotada pela doutrina brasileira e encontra fundamento no Direito Privado a partir da autonomia da vontade no estabelecimento de condições contratuais.

O Direito do Trabalho, como ramo do Direito Privado, reafirma sua natureza jurídica no contrato de trabalho de natureza privada, pois as partes são livres para pactuarem condições de trabalho, como função, salário, horário, escala etc.

7.2.2. Teoria do Anticontratualismo

A teoria do anticontratualismo afirma que não há autonomia da vontade, mas simples ocupação do trabalho humano pelo empregador e encontra sustentação na teoria da relação de trabalho da Alemanha. Esse entendimento expandiu-se para Itália e França com a teoria do institucionalismo, no fundamento de a empresa é uma instituição, onde existe uma situação estatutária e não contratual, onde o estatuto prevê as condições de trabalho prestado sob a autoridade do empregador.[35]

---

(34) NASCIMENTO, Amauri Mascaro. *Iniciação ao direito do trabalho*. 38. ed. São Paulo: LTr, 2013. p. 157.

(35) *Ibidem*, p. 158.

7.3. Características do contrato de trabalho

O contrato de trabalho é formado mediante o ajuste de vontades entre empregado e empregador e possui as seguintes características:[36]

a) Contrato de Direito Privado: baseado na autonomia da vontade das partes. Os sujeitos da relação empregatícia são livres para ajustarem as condições de trabalho.

b) Contrato consensual: a validade do contrato de trabalho depende do simples consentimento das partes e pode ser firmado inclusive na forma tácita ou verbal, de acordo com o art. 442, CLT. As normas imperativas existem como baliza de proteção ao trabalho, podendo as partes estipularem condições em tudo o que não contravenha às disposições dessa proteção, aos contratos coletivos e às decisões das autoridades competentes, nos termos do art. 444, *caput*, da CLT. Esse fenômeno é chamado de dirigismo contratual, em que o Estado cria leis de observância obrigatória (imperativa) para equilibrar a relação de trabalho em virtude da hipossuficiência do empregado.

c) Contrato sinalagmático: trata-se do pacto de natureza bilateral que gera obrigações recíprocas às partes da relação laboral. Ambas as partes possuem obrigações decorrentes do contrato de trabalho, como o empregado que tem o dever de prestar serviços e o empregador o de pagar o salário.

d) *Intuitu personae:* significa a obrigação pessoal da contratação em relação ao empregado, firmado com uma pessoa específica. Encontra fundamento legal nos requisitos da pessoalidade do art. 3º, da CLT, na medida em que o contrato é firmado com pessoa física determinada, não podendo haver substituição do trabalhador, como por exemplo, garçom que pede para seu cunhado laborar no lugar dele em determinado dia que pretende faltar do serviço.

e) Comutativo: quando da formalização do contrato, as partes têm conhecimento prévio das vantagens decorrentes do adimplemento do contrato, enquanto o empregador recebe a prestação de serviços, o empregado recebe salários.

f) Trato sucessivo: o contrato de trabalho é de trato sucessivo, se prolonga no tempo. Essa característica é firmada no requisito da continuidade do vínculo de emprego, previsto no art. 3º, da CLT. Por esse motivo, os contratos de trabalho, via de regra, são a prazo determinado, já tendo a jurisprudência se firmado nesse sentido através da Súmula n. 212, TST.

g) Oneroso: significa dizer que as obrigações do contrato de trabalho são economicamente mensuráveis. O empregador, ao admitir empregado, tem conhecimento e pode calcular o quanto gastará com salários, férias e impostos decorrentes dessa relação.

h) Complexo: o contrato de trabalho é complexo na medida em que possibilita que outros contratos sejam celebrados de forma acessória a ele. Cita-se como exemplos o contrato de locação, que pode ser firmado entre empregado e empregador quando este disponibiliza imóvel para moradia daquele mediante pagamento de aluguel e o contrato de mandato, na hipótese do empregador delegar poderes para o empregado

---

(36) ROMAR, Carla Teresa Martins. *Direito do trabalho esquematizado*. São Paulo: Saraiva, 2013. p. 214-216.

representá-lo perante órgãos públicos ou privados, inclusive instituições bancárias na abertura, movimentação e encerramento de contas.

7.4. Classificação

O contrato de trabalho pode ser classificado, em síntese, quanto à sua forma e prazo.

O art. 442 CLT estabelece que: "Contrato individual de trabalho é o acordo tácito ou expresso, correspondente à relação de emprego".

Já o art. 443 CLT revela que: "O contrato individual de trabalho poderá ser acordado tácita ou expressamente, verbalmente ou por escrito, por prazo determinado ou indeterminado, ou para prestação de trabalho intermitente".

Tais dispositivos estabelecem a forma e o prazo dos contratos de trabalho, assim como nova modalidade de contratação intermitente inserida pela Reforma Trabalhista, que será abordada em item específico nesta obra.

7.4.1. Quanto à forma

O vínculo de emprego é informal, não havendo necessidade de um documento para a existência legal do contrato de trabalho a prazo indeterminado, à exceção dos contratos a prazo determinado.

O art. 442, *caput*, da CLT, irretocável pela Reforma Trabalhista, estabelece a forma tácita ou expressa do contrato de trabalho. O art. 443, *caput*, complementa a ideia de formação do contrato ao mencionar as expressões verbalmente ou por escrito.

Assim, tem-se os seguintes ajustes na formação dos contratos de trabalho:

a) Ajuste tácito	A prestação de serviços tem início sem oposição do tomador dos serviços.
b) Ajuste expresso verbal	Pactuação entre empregado e empregador com simples troca de palavras.
c) Ajuste expresso escrito	Ocorre quando há um contrato escrito de trabalho.

O ajuste tácito ocorre quando o empregado inicia a prestação de serviços e o empregador não se opõe à sua atividade na empresa ou estabelecimento comercial, como no caso de cunhada e vizinha da proprietária de uma loja que começa a trabalhar sem rejeição desta, ou seja, com consentimento tácito.

O contrato de trabalho na modalidade verbal normalmente se constitui a partir de promessa de trabalho e pagamento de salários, com estabelecimento de função, horários e data de início da prestação de serviços.

O ajuste escrito, modalidade mais comum, prevê as mesmas condições citadas e em regra dispõe de outras formalidades como prorrogação e compensação de jornadas de trabalho, possibilidade de descontos dos salários em caso de dolo ou culpa do empregado, benefícios concedidos pelo empregador, entre outras.

A palavra "expresso" significa modo categórico, claro, objetivo, definido, em que as partes chegam a um consenso no estabelecimento das condições contratuais, seja de forma escrita ou verbal.

7.4.2. Quanto ao prazo

O art. 443 da CLT estabelece que, quanto ao prazo, o contrato individual de trabalho poderá ser acordado por tempo determinado ou indeterminado.

7.4.2.1. Contrato de trabalho por prazo indeterminado

Os contratos de trabalho a prazo indeterminado constituem regra no ordenamento jurídico trabalhista e existem quando as partes não ajustam o termo final do contrato. É a forma comum e presumível de todos os contratos. Incidência do princípio da norma mais favorável, princípio da continuidade da relação de emprego e da Súmula n. 212 do TST.

7.4.2.2. Contrato de trabalho por prazo determinado

Existem contratos por prazo determinado das relações de emprego e das relações de trabalho.

A primeira modalidade é prevista no art. 443, § 1º da CLT e ocorre quando as partes ajustam o termo final do contrato, com dia certo para começar e para terminar (termo certo) ou depende do acontecimento de determinado evento (termo incerto). Trata-se de exceção à regra dos contratos a prazo indeterminado, e, por esse motivo, precisam ser formalizados na modalidade expressa escrita como prova do ajuste firmado entre as partes.

O § 1º do art. 443 da CLT preceitua: "Considera-se como de prazo determinado o contrato de trabalho cuja vigência dependa de termo prefixado ou da execução de serviços especificados ou ainda da realização de certo acontecimento suscetível de previsão aproximada".

Assim, tem-se:

Termo certo ou termo prefixado	Dia certo para começar e para terminar o contrato de trabalho.
Termo incerto ou acontecimento de determinado evento	Execução de serviços especificados; Realização de certo acontecimento suscetível de previsão aproximada.

O contrato de trabalho por tempo determinado só será válido nas seguintes formas, nos termos do § 2º do art. 443, CLT:

a) Serviço cuja natureza ou transitoriedade justifique a predeterminação do prazo: Nessa modalidade de contratação estão inseridos:

• Contratos para substituição de empregado permanente, em gozo de férias ou licença previdenciária;

• Acréscimo extraordinário de serviço, como por exemplo, aumento nas vendas de Natal, dia das mães, dia dos namorados etc.

• Execução de obra específica, como no caso da construção de um muro em torno de uma universidade.

• Nessa última hipótese, alerta-se o perigo de indistinção no contrato de trabalho da obra ou, ainda, a sucessão na realização de obras específicas (reforma de um prédio com obras na fachada, pátio, portaria, lavatórios) que podem descaracterizar o contrato a prazo determinado.

A legislação trabalhista é clara ao prever o prazo máximo de 02 anos nessa modalidade de contratação, no art. 451, CLT.

b) Atividades empresariais de caráter transitório: nesta modalidade de contratação a prazo determinado, não é o serviço que se desenvolve de forma transitória, mas o ramo de atividade da empresa, a exemplo das atividades em feiras industriais, comerciais ou agropecuárias em determinada época do ano (feira de inverno) ou em trânsito em várias cidades do país e as vendas de fogos de artifício somente em períodos de festas juninas.

O prazo máximo para esse tipo de contratação também é de 02 anos (art. 451 CLT).

c) Contrato de experiência: se fundamenta na necessidade de verificação da aptidão profissional do trabalhador para cumprir as tarefas designadas e se adequar ao meio ambiente laboral. O art. 445, p. u., CLT estabelece o prazo máximo de 90 dias para esse tipo de contrato de trabalho. Já o art. 442-A, CLT proíbe que o empregador exija do candidato a emprego comprovação de experiência prévia por tempo superior a 6 (seis) meses no mesmo tipo de atividade.

Conforme inicialmente aventado, existe ainda, a modalidade de contratação a prazo determinado nas relações de trabalho, normalmente prevista em legislações específicas, como no caso do trabalho temporário (Lei n. 6.019/74); técnico estrangeiro (Estatuto do Estrangeiro — Decreto-lei n. 691/69 c/c Decreto n. 86.715/81); contrato de safra (Lei n. 5.889/73); artista (Lei n. 6.533/78); obra certa (Lei n. 2.959/56), aprendizagem (Art. 428, CLT), treinador profissional de futebol (Lei n. 8.650/93), atleta profissional (Lei n. 9.615/98), trabalho no exterior (Lei n. 7.064/82).

7.4.2.2.1. Prorrogações dos contratos a prazo determinado

As prorrogações dos contratos a prazo determinado das relações de emprego, também entendidas como sucessividade dos contratos a termo, estão previstas no art. 451 da CLT: "O contrato de trabalho por prazo determinado que, tácita ou expressamente, for prorrogado mais de uma vez passará a vigorar sem determinação de prazo".

A dilatação do prazo determinado é facultativa, ao passo que o empregador poderá contratar diretamente por tempo fixo, seja ele o prazo máximo permitido pela legislação ou não. Optando pela prorrogação, esta somente poderá ocorrer única vez durante e dentro do prazo máximo estabelecido para cada modalidade de pactuação. Assim, se o contrato de trabalho for firmado no prazo de 02 anos, só poderá ocorrer uma prorrogação dentro do prazo de 02 anos. Ex: contrato de trabalho para construção de uma rodovia no prazo de 01 ano, prorrogado por mais 01 ano; construção de uma fachada no prazo de 06 meses, prorrogável por mais 03 meses. Nessa última hipótese, ainda que não se tenha chegado no prazo máximo de 02 anos, não poderá haver mais qualquer prorrogação, vez que a legislação é clara ao dispor que o contrato a prazo determinado que for prorrogado mais de uma vez, passará a vigorar sem determinação de prazo, ou seja, a penalidade é a mutação automática do contrato para prazo indeterminado.

O mesmo exemplo se aplica aos contratos de experiência, podendo ser prorrogado única vez (45 mais 45 dias, 30 mais 60 dias, 60 mais 30 dias, 40 mais 50 dias). A Súmula n. 188

do TST estabelece que "o contrato de experiência pode ser prorrogado, respeitado o limite máximo de 90 (noventa) dias".

Em todos os casos, expirado o prazo máximo, com ou sem prorrogação, e havendo continuidade na prestação dos serviços, o contrato se permuta automaticamente para contrato a prazo indeterminado.

Terminado o contrato no tempo aprazado, só poderá ser celebrado novo contrato por prazo determinado após 06 meses, "salvo se a expiração deste dependeu da execução de serviços especializados ou da realização de certos acontecimentos", sob pena do segundo contrato ser considerado a prazo indeterminado (art. 452, CLT).

7.5. Novas modalidades de contrato de trabalho com o advento da Lei da Reforma Trabalhista

A Reforma Trabalhista criou o trabalho intermitente e regulamentou o teletrabalho, também chamado de trabalho remoto ou *home office*.

A necessidade da inovação celetista, de acordo com o discurso do Governo, foi a de trazer para a formalidade os chamados "bicos", surgindo assim o trabalho intermitente, bem como a de regulamentar relações trabalhistas já existentes na prática, como o teletrabalho, tudo com a finalidade de gerar aumento nos postos de trabalho e proporcionar o crescimento da economia.

7.5.1. Contrato de trabalho intermitente

A Lei n. 13.467/2017 inseriu a expressão trabalho intermitente no *caput* do art. 443 da CLT e tratou mais especificamente dessa relação no parágrafo terceiro do citado dispositivo, assim como no novo art. 452-A da CLT:

> **Art. 443.** O contrato individual de trabalho poderá ser acordado tácita ou expressamente, verbalmente ou por escrito, por prazo determinado ou indeterminado, ou para prestação de **trabalho intermitente**.
> **§ 3º** Considera-se como intermitente o contrato de trabalho no qual a prestação de serviços, com subordinação, não é contínua, ocorrendo com alternância de períodos de prestação de serviços e de inatividade, determinados em horas, dias ou meses, independentemente do tipo de atividade do empregado e do empregador, exceto para os aeronautas, regidos por legislação própria.

Trabalho intermitente, é, pois, o contrato de trabalho no qual, havendo a presença dos requisitos do vínculo de emprego do art. 3º da CLT, à exceção do requisito da continuidade na prestação dos serviços, ocorre a alternância do trabalho em períodos de atividade e inatividade, seja em horas, dias ou meses, em qualquer ramo de atividade econômica.

Existem determinadas atividades empresariais que sempre necessitaram da mão de obra eventual, como no caso do ramo do comércio em relação aos chamados trabalhadores "folguistas" e das atividades em buffets em relação a cozinheiros, garçons etc., porém, a legislação é clara ao dispor que esse tipo de contratação cabe em qualquer ramo de atividade econômica. Dados demonstram que, desde a entrada em vigor da nova legislação trabalhista, em três meses, cerca de 3.000 mil novos postos de trabalho foram abertos na modalidade intermitente.

Outro requisito da relação empregatícia que também sofre certa flexibilização nessa modalidade de contratação é o da subordinação, ao passo que o § 3º do art. 452-A, da CLT, não considera insubordinação a recusa pelo empregado do trabalho ofertado pela empresa.

Essa modalidade de trabalho, antes da Reforma, não existia no ordenamento jurídico positivado brasileiro. Esse tipo de trabalho, eventual com períodos de inatividade, ocorria de modo informal, ou seja, sem o reconhecimento do vínculo de emprego, já que o tempo em que o trabalhador estivesse sem o trabalho, no caso da existência do contrato de trabalho, deveria ser remunerado como tempo à disposição do empregador, nos termos do art. 4º da CLT.

Muitas críticas e polêmicas ocorreram em torno do trabalho intermitente, tanto que fora um dos temas centrais alterados pela MP n. 808, editada 03 dias após a entrada em vigor da Lei da Reforma Trabalhista.

O *caput* do art. 452-A, estabelece que o contrato de trabalho intermitente deverá ser celebrado por escrito:

Consolidação das Leis do Trabalho Texto após a Reforma Trabalhista	Medida Provisória n. 808, de 14.11.2017
Art. 452-A. O contrato de trabalho intermitente **deve ser** celebrado por escrito e **deve conter especificamente** o valor da hora de trabalho, que não pode ser inferior ao valor horário do salário mínimo ou àquele devido aos demais empregados do estabelecimento que exerçam a mesma função em contrato intermitente ou não.	**Art. 452-A.** O contrato de trabalho intermitente será celebrado por escrito e **registrado na CTPS, ainda que previsto acordo coletivo de trabalho ou convenção coletiva, e conterá:** I – identificação, assinatura e domicílio ou sede das partes; II – valor da hora **ou do dia de trabalho**, que não poderá ser inferior ao valor horário **ou diário** do salário mínimo, **assegurada a remuneração do trabalho noturno superior à do diurno e observado o disposto no § 12**; e III – o local e o prazo para o pagamento da remuneração.

A MP n. 808/2017 inseriu o § 12 no art. 452-A para estabelecer que, embora o valor da hora ou do dia de trabalho não pudesse ser inferior ao valor horário ou diário do salário mínimo, "o valor previsto no inciso II do *caput* não será inferior àquele devido aos demais empregados do estabelecimento que exerçam a mesma função".

Outras discussões surgiram em relação ao fato do empregado intermitente poder receber remuneração mensal total, de um ou mais empregadores, menor que o salário mínimo, em virtude do pagamento da prestação de serviços ser calculado proporcionalmente às horas ou dias trabalhados no mês.

Assim, se o empregado laborar apenas 05 horas em determinado mês, receberá somente essas horas proporcional ao salário mínimo daquele mês de referência.

A reflexão, contudo, antes da MP, se baseava no fato de que, recebendo o trabalhador valores ínfimos mensalmente e contribuindo com a Previdência Social somente com base nesses baixos salários, jamais poderia usufruir dos benefícios previdenciários, nem tampouco se aposentar, pois os mesmos não podem ser contraprestados abaixo do mínimo legal, tese e dúvida razoável esta, que volta a existir, com a decadência da referida medida.

A Medida Provisória n. 808/2017 havia resolvido a questão ao determinar que, o trabalhador poderia contribuir, de modo facultativo, com a diferença entre o valor recebido mensalmente e o valor do salário mínimo, a fim de usufruir dos benefícios sociais em caso de doença, acidente ou licença-maternidade e também de se aposentar. Caso isso não ocorresse, o mês em que a remuneração total recebida pelo segurado de um ou mais empregadores fosse menor que o salário mínimo mensal, não seria considerado para fins de aquisição, manutenção de qualidade de segurado ou período de carência para percebimento dos benefícios previdenciários, nos termos do art. 911-A, §§ 1º e 2º, da CLT:

> **Art. 911-A** (...)
>
> **§ 1º** Os segurados enquadrados como empregados que, no somatório de remunerações auferidas de um ou mais empregadores no período de um mês, independentemente do tipo de contrato de trabalho, **receberem remuneração inferior ao salário mínimo mensal, poderão recolher ao Regime Geral de Previdência Social a diferença entre a remuneração recebida e o valor do salário mínimo mensal,** em que incidirá a mesma alíquota aplicada à contribuição do trabalhador retida pelo empregador.
>
> **§ 2º** Na hipótese de não ser feito o recolhimento complementar previsto no § 1º, o mês em que a remuneração total recebida pelo segurado de um ou mais empregadores for menor que o salário mínimo mensal **não será considerado para fins de aquisição e manutenção de qualidade de segurado do Regime Geral de Previdência Social, nem para cumprimento dos períodos de carência para concessão dos benefícios previdenciários.**

Em relação aos valores percebidos mensalmente no contrato intermitente, o § 6º do art. 452-A alterado pela MP n. 808/2017, estabelece que o empregado deveria receber, "na data acordada para o pagamento, a remuneração, as férias proporcionais com acréscimo de um terço, décimo terceiro salário proporcional, repouso semanal remunerado e adicionais legais", devendo o recibo de pagamento discriminar cada uma das parcelas, nos termos do § 7º do referido artigo.

O art. 452-B da CLT, fruto da MP n. 808/2017, tratou de apresentar outras possibilidades de tratativas por meio do contrato intermitente:

> **Art. 452-B.** É facultado às partes convencionar por meio do contrato de trabalho intermitente:
>
> **I** – locais de prestação de serviços;
>
> **II** – turnos para os quais o empregado será convocado para prestar serviços;
>
> **III** – formas e instrumentos de convocação e de resposta para a prestação de serviços;
>
> **IV** – formato de reparação recíproca na hipótese de cancelamento de serviços previamente agendados nos termos dos § 1º e § 2º do art. 452-A.

No que diz respeito à convocação e resposta para prestação de serviços, nos termos do § 1º do art. 452-A, da CLT, "o empregador convocará, por qualquer meio de comunicação eficaz, para a prestação de serviços, informando qual será a jornada, com, pelo menos, três dias corridos de antecedência". O § 2º, em sua redação original, estabelece prazo de um dia útil para o empregado responder ao chamado, presumindo-se, no silêncio, a recusa. A MP n. 808/2017 alterou a expressão "um dia útil" para "vinte e quatro horas". A recusa, contudo, não será tida como insubordinação, nos termos do § 3º do art. 452-A da CLT, inalterado pela referida MP.

O § 15 do art. 452-A da CLT, inserido pela MP n. 808/2017, estabelece que "constatada a prestação dos serviços pelo empregado, estarão satisfeitos os prazos previstos nos §§ 1º e 2º". Referida medida, portanto, perdeu a validade em 23.4.2018.

A convocação leva à reflexão de que os empregadores deverão possuir banco de trabalhadores intermitentes, e que estes poderão escolher para quem prestarão os serviços, de acordo com a necessidade e urgência, o local e, principalmente, o valor do salário.

Já no que se refere à reparação recíproca em caso de cancelamento de serviços previamente agendados, andou bem a MP n. 808/2017 ao revogar o § 4º do art. 452-A, da CLT, que previa multa de 50% da remuneração a que seria devida, tanto pelo empregado que aceitasse a oferta e não comparecesse ao serviço como pela empresa que oferecesse o trabalho e não o disponibilizasse no dia acordado para a prestação dos serviços, deixando essa reparação como opção das partes, inclusive no que tange a quantia da multa. Vale lembrar, contudo, o encerramento da vigência da MP n. 808/2017, em 23.4.2018.

As férias do trabalhador intermitente estão previstas no § 9º do art. 452-A, da CLT, que estabelece: "a cada doze meses, o empregado adquire direito a usufruir, nos doze meses subsequentes, um mês de férias, período no qual não poderá ser convocado para prestar serviços pelo mesmo empregador". Duras críticas são tecidas sobre esse regramento que possibilita que o empregado preste serviços para outros empregadores no período de suas férias, sob a ótica de que, no trabalho intermitente o empregado dificilmente gozará do descanso das férias. Some-se o fato de que o pagamento das férias não será efetuado com dois dias de antecedência do descanso, mas de forma proporcional ao trabalho prestado mensalmente, não tendo o trabalhador a oportunidade de utilizar o dinheiro das férias para viajar ou exercer outras atividades de lazer.

O § 10 no citado dispositivo foi acrescentado pela Medida Provisória n. 808/2017 (vigência encerrada) para prever que "o empregado, mediante prévio acordo com o empregador, poderá usufruir suas férias em até três períodos, nos termos dos § 1º e § 2º do art. 134" da CLT.

No que tange ao período de pagamento, o § 11 do art. 452-A, inserido pela MP n. 808/2017, estabelece que, "na hipótese de o período de convocação exceder um mês, o pagamento das parcelas a que se referem o § 6º não poderá ser estipulado por período superior a um mês, contado a partir do primeiro dia do período de prestação de serviço". Entende-se, contudo, que o período de pagamento dos salários do intermitente, não poderá exceder a um mês, nos termos do art. 459 da CLT.

Quanto ao início do percebimento das prestações previdenciárias, os §§ 13 e 14 do art. 452-A da CLT, inseridos pela MP n. 808/2017 (vigência encerrada), estabelecem que o auxílio-doença será devido a partir da data do início da incapacidade, e assim como o salário maternidade, pago diretamente pela Previdência Social.

O período de inatividade foi insculpido no art. 452-C, inserido pela MP n. 808/2017:

> **Art. 452-C.** Para fins do disposto no § 3º do art. 443, considera-se período de inatividade, **o intervalo temporal distinto daquele para o qual o empregado intermitente haja sido convocado e tenha prestado serviços** nos termos do § 1º do art. 452-A.
>
> **§ 1º Durante o período de inatividade, o empregado poderá prestar serviços de qualquer natureza a outros tomadores de serviço, que exerçam ou não a mesma atividade econômica, utilizando contrato de trabalho intermitente ou outra modalidade de contrato de trabalho.**
>
> **§ 2º** No contrato de trabalho intermitente, o período de inatividade não será considerado tempo à disposição do empregador e não será remunerado, hipótese em que restará descaracterizado o contrato de trabalho intermitente caso haja remuneração por tempo à disposição no período de inatividade.

Nesse período, o trabalhador intermitente poderia prestar serviços a outros tomadores, na modalidade de intermitente ou como empregado ou mesmo autônomo, não importando, ainda, o ramo de atividade. Ademais, o tempo de inatividade não seria considerado tempo à disposição do empregador do art. 4º da CLT, sendo descaracterizado o contrato intermitente em caso de remuneração do respectivo período de inatividade.

No que concerne à extinção dessa modalidade de contratação, estabelece o art. 452-D da CLT, incluído pela MP n. 808/2017 (vigência esgotada):

> **Art. 452-D.** Decorrido o prazo de um ano sem qualquer convocação do empregado pelo empregador, contado a partir da data da celebração do contrato, da última convocação ou do último dia de prestação de serviços, o que for mais recente, será considerado rescindido de pleno direito o contrato de trabalho intermitente.

As verbas rescisórias devidas na rescisão do contrato intermitente, também fruto da referida MP, são:

> **Art. 452-E.** Ressalvadas as hipóteses a que se referem os art. 482 e art. 483, na hipótese de extinção do contrato de trabalho intermitente serão devidas as seguintes verbas rescisórias: (artigo inserido pela MP n. 808 de 2017)
> **I** – pela metade:
> **a)** o aviso-prévio indenizado, calculado conforme o art. 452-F; e
> **b)** a indenização sobre o saldo do Fundo de Garantia do Tempo de Serviço — FGTS, prevista no § 1º do art. 18 da Lei n. 8.036, de 11 de maio de 1990; e
> **II** – na integralidade, as demais verbas trabalhistas.

A extinção do contrato de trabalho intermitente, de acordo com a MP n. 808/2017, permitiria a movimentação de apenas oitenta por cento do valor total dos depósitos da conta vinculada do trabalhador no FGTS e não autorizaria o ingresso no Programa de Seguro-Desemprego (art. 452-E, §§ 1º e 2º da CLT e inciso I-A do art. 20 da Lei n. 8.036, de 1990).

A base de cálculo das verbas rescisórias e do aviso-prévio seria calculada, de acordo com a MP n. 808/2017, considerando a média dos valores recebidos pelo empregado no curso do contrato de trabalho intermitente, sendo considerados apenas os meses durante os quais o empregado tenha recebido parcelas remuneratórias nos últimos doze meses ou o período de vigência do Contrato de Trabalho Intermitente, se este for inferior, sendo o aviso-prévio necessariamente indenizado (art. 452-F, *caput*, e §§ 1º e 2º da CLT e §§ 1º e 2º do art. 487, da CLT).

De acordo com a redação da MP n. 808/2017, a partir de janeiro de 2021, o empregado demitido na modalidade de contrato a prazo indeterminado, poderia prestar serviços para o mesmo empregador, no dia seguinte, por meio de contrato de trabalho intermitente, haja vista que a regra do prazo de dezoito meses, contado da data da demissão do empregado para contratação na modalidade de intermitente não mais vigoraria (art. 452-G da CLT, incluído pela Medida Provisória n. 808/2017). Vale lembrar que referida Medida teve seu prazo encerrado em 23.04.2018.

E por fim, vale pontuar que, nos termos do art. 452-H da CLT, também inserido pela MP n. 808/2017, "o empregador efetuará o recolhimento das contribuições previdenciárias próprias e do empregado e o depósito do FGTS com base nos valores pagos no período mensal e fornecerá ao empregado comprovante do cumprimento dessas obrigações, observado o disposto no art. 911-A".

Verifica-se que a decadência da MP n. 808/2017 afeta sensivelmente o contrato intermitente, trazendo insegurança jurídica para essa nova modalidade de contratação em nosso país.

7.5.2. Teletrabalho ou trabalho remoto (home office)

Teletrabalho, também chamado de trabalho remoto ou trabalho no domicílio (*home office*) é aquele desenvolvido na residência do empregado ou em distintos locais com a utilização de equipamentos eletrônicos, de tecnologia da informação e diversos meios de comunicação.

A primeira e importante diferenciação que se faz, é o teletrabalho enquanto modalidade de contrato de trabalho e o trabalho exercido por autônomo em sua residência. Isso porque, a legislação celetista tratou de cuidar do teletrabalho enquanto modalidade de trabalho executado mediante subordinação jurídica do empregador, e não do trabalhador autônomo.

As novidades trazidas pela Lei n. 13.467/2017 em relação ao teletrabalho enquanto nova modalidade de contrato de trabalho foram positivadas no Capítulo II-A, através dos arts. 75-A a 75-E, da CLT.

O art. 75-B, da CLT, traz o conceito desse novo regramento jurídico, como sendo a prestação de serviços preponderantemente fora das dependências do empregador com utilização de tecnologias de informação e comunicação:

> **Art. 75-B.** Considera-se teletrabalho a prestação de serviços preponderantemente fora das dependências do empregador, com a utilização de tecnologias de informação e de comunicação que, por sua natureza, não se constituam como trabalho externo.

O citado artigo também diferencia teletrabalho de trabalho externo. Teletrabalho é aquele exercido fora das dependências do empregador, normalmente no domicílio do empregado, ou seja, a distância, enquanto que o trabalho externo é aquele exercido fora do estabelecimento do empregador como no caso de atividades realizadas nos diversos clientes da empresa através de empregado vendedor.

O art. 6º, CLT, inalterado pela Reforma, já previa o trabalho realizado no domicílio do empregado, ao dispor que "não se distingue entre o trabalho realizado no estabelecimento do empregador, o executado no domicílio do empregado e o realizado a distância, desde que estejam caracterizados os pressupostos da relação de emprego".

Já o parágrafo único do art. 6º é no sentido de que: "os meios telemáticos e informatizados de comando, controle e supervisão se equiparam, para fins de subordinação jurídica, aos meios pessoais e diretos de comando, controle e supervisão do trabalho alheio."

Por outro lado, o parágrafo único do art. 75-B, houve por bem, reforçar o fato de que "o comparecimento às dependências do empregador para a realização de atividades específicas que exijam a presença do empregado no estabelecimento não descaracteriza o regime de teletrabalho".

Essa modalidade de contratação, contudo, deverá ser expressamente consignada no contrato de trabalho, nos termos do art. 75-C, CLT:

> **Art. 75-C.** A prestação de serviços na modalidade de teletrabalho deverá constar expressamente do contrato individual de trabalho, que especificará as atividades que serão realizadas pelo empregado.

Os §§ 1º e 2º do art. em comento tratam da alteração entre regime presencial e teletrabalho e concordância do empregado. Não haverá prazo a ser observado na alteração do regime presencial para teletrabalho, desde que o empregado concorde com essa alteração. Já a alteração do regime de teletrabalho para o presencial poderá ocorrer por determinação do empregador, observado o prazo mínimo de 15 dias:

> **Art. 75-C** (...)
>
> **§ 1º** Poderá ser realizada a alteração entre regime presencial e de teletrabalho desde que haja mútuo acordo entre as partes, registrado em aditivo contratual.
>
> **§ 2º** Poderá ser realizada a alteração do regime de teletrabalho para o presencial por determinação do empregador, garantido prazo de transição mínimo de quinze dias, com correspondente registro em aditivo contratual.

No teletrabalho, todo aparato tecnológico e de infraestrutura para prestação dos serviços deverá ser, via de regra, de responsabilidade do empregador, assim como o reembolso das despesas decorrentes dessa atividade e por motivos simples: trata-se de trabalho subordinado, em que os riscos da atividade são do empregador. Dispõe o art. 75-D, CLT:

> **Art. 75-D.** As disposições relativas à responsabilidade pela aquisição, manutenção ou fornecimento dos equipamentos tecnológicos e da infraestrutura necessária e adequada à prestação do trabalho remoto, bem como ao reembolso de despesas arcadas pelo empregado, serão previstas em contrato escrito.

A dificuldade, contudo, surge quanto à porcentagem de reembolso de algumas despesas em que o empregado também utiliza em sua residência, a exemplo da energia elétrica e da internet, porém esse desafio deverá ser vencido pelas partes, por meio de cláusula contratual.

O parágrafo único do art. 75-D, da CLT, prevê que "as utilidades mencionadas no *caput* deste artigo não integram a remuneração do empregado", ou seja, não se referem a salário *in natura*, pois utilizadas para o trabalho e não pelo trabalho. Para maiores explanações, remete-se o leitor ao item composição do salário.

O art. 75-E trata do treinamento que deverá ser realizado com os empregados em regime de teletrabalho na prevenção de acidentes e doenças do trabalho:

> **Art. 75-E.** O empregador deverá instruir os empregados, de maneira expressa e ostensiva, quanto às precauções a tomar a fim de evitar doenças e acidentes de trabalho.
>
> **Parágrafo único.** O empregado deverá assinar termo de responsabilidade comprometendo-se a seguir as instruções fornecidas pelo empregador.

E, por fim, o trabalho nessa modalidade exclui o direito do empregado do recebimento de horas extras e regramento pertinente à jornada noturna, nos termos do art. 62, III, da CLT.

7.6. Requisitos de validade

Requisitos de validade do contrato de trabalho dizem respeito à presença dos elementos essenciais na formação do contrato, previstos no art. 104, CC:

Art. 104. A validade do negócio jurídico requer;

I – agente capaz

II – objeto lícito, possível, determinado ou determinável

III – forma prescrita ou não defesa em lei: acordo tácito ou expresso.

Para o Direito do Trabalho, o agente capaz é o maior de 16 anos, salvo aprendiz a partir dos 14 anos (7º, XXXIII, CF/88 e art. 428, CLT).

Já o objeto lícito possível, determinado ou determinável, diz respeito ao objeto do próprio contrato de trabalho, não sendo válido contrato de trabalho que tenha por objeto trabalho ilícito, como por exemplo o jogo do bicho.

No que se refere à forma prescrita ou não defesa em lei, vale ressaltar que o contrato de trabalho pode ser firmado através de acordo tácito ou expresso conforme estudo já realizado no presente capítulo.

8

Remuneração e Salário

8.1. Definição

Remuneração e salário correspondem "ao conjunto de parcelas contraprestativas recebidas pelo empregado, no contexto da relação de emprego, evidenciadoras do caráter oneroso do contrato de trabalho pactuado".[37]

O art. 457, da CLT, dispõe que "compreendem-se na remuneração do empregado, para todos os efeitos legais, além do salário devido e pago diretamente pelo empregador, como contraprestação do serviço, as gorjetas que receber".

Remuneração é, portanto, o gênero que compreende o salário (pagamento fixo) e outros pagamentos como gratificações, adicionais, gorjetas, enquanto salário "é o conjunto de parcelas contraprestativas pagas pelo empregador ao empregado em função do contrato de trabalho".[38]

8.2. Formas de estipulação

O salário pode ser estipulado de diversas maneiras, sendo as principais: o salário por tempo, por produção e por tarefa.

a) Salário por tempo: é aquele pago em função do tempo no qual o trabalho foi prestado ou o empregado permaneceu à disposição do empregador (art. 4º, CLT), como o pagamento por hora, dia, semana, quinzena ou mês.[39]

b) Salário por produção: é aquele calculado com base no número de unidades produzidas pelo empregado, como por exemplo uma fábrica têxtil que paga determinado valor por camiseta costurada.[40]

c) Salário por tarefa: é aquele pago com base na produção do empregado, mas há uma vantagem pela economia do tempo, como no caso do empregado que ganha a mais por tarefa quando já cumpriu as tarefas do dia e continua trabalhando ou é dispensado do restante da jornada.[41]

8.3. Meios de pagamento

Existem algumas formas aceitas pelo ordenamento justrabalhista para o pagamento do salário, que deve ser efetuado contra recibo, assinado pelo empregado e, em se tratando

---

(37) DELGADO, Mauricio Godinho. *Curso de direito do trabalho*. 15. ed. São Paulo: LTr, 2016. p. 781.
(38) *Idem*.
(39) NASCIMENTO, Amauri Mascaro. *Iniciação ao direito do trabalho*. 38. ed. São Paulo: LTr, 2013. p. 349.
(40) *Idem*.
(41) *Ibidem*, p. 350.

de analfabeto, mediante sua impressão digital, ou, não sendo esta possível, a seu rogo (art. 464, *caput*, CLT).

8.3.1. Salário em dinheiro, cheque ou depósito

O salário pode ser pago em espécie (dinheiro), através de moeda corrente do país, sendo considerado como não feito na inobservância de tal regra, nos termos do art. 463, *caput* e parágrafo único, da CLT. A moeda estrangeira pode servir de base de cálculo para conversão no ato do pagamento, em moeda nacional.

Pode ser pago, ainda, através de cheque ou depósito. No caso do cheque, o empregador deve garantir horário que permita o desconto e condições para evitar o atraso no recebimento. O pagamento através de depósito é previsto no parágrafo único do art. 464 da CLT: "Terá força de recibo o comprovante de depósito em conta bancária, aberta para esse fim em nome de cada empregado, com o consentimento deste, em estabelecimento de crédito próximo ao local de trabalho".[42]

8.3.2. Salário *in natura* ou pagamento em utilidades

Existe também, a possibilidade do empregador pagar salários através de bens econômicos, denominado pagamento em utilidades ou salário *in natura*.

Os requisitos do salário *in natura* são:[43]

a) Habitualidade: o pagamento deve ser realizado constantemente, habitualmente.

b) A prestação deve representar um ganho para o trabalhador: não existe pagamento de salários através de bens ínfimos, economicamente falando.

c) A prestação deve ser fornecida *pelo* trabalho e não *para* o trabalho, ou seja, ela não é indispensável para a realização do trabalho. Se for indispensável, não terá natureza salarial.

São exemplos de bens fornecidos pelo trabalho e consideradas utilidades, ou seja, salário *in natura*, os previstos no *caput* do art. 458, *caput*, da CLT: alimentação, habitação, vestuário, sendo vedado o pagamento com bebidas alcoólicas ou drogas.

Em relação à habitação e alimentação, há limite para a contraprestação em forma de bens, sendo 25% e 20%, respectivamente, do salário contratual do empregado (art. 458, § 3º, da CLT).

A Súmula n. 241 do TST estabelece que o vale alimentação é considerado salário utilidade:

> SALÁRIO-UTILIDADE. ALIMENTAÇÃO. O vale para refeição, fornecido por força do contrato de trabalho, tem caráter salarial, integrando a remuneração do empregado, para todos os efeitos legais.

Outro exemplo de bem fornecido pelo trabalho e considerado utilidade é o veículo que não é utilizado para o desenvolvimento das atividades laborais, mas para o lazer do empregado como na hipótese de diretor que deixa o carro que recebeu da empresa para o motorista levar e buscar seus filhos na escola e sua esposa no *shopping center* para realizar

---

(42) NASCIMENTO, Amauri Mascaro. *Iniciação ao direito do trabalho*. 38. ed. São Paulo: LTr, 2013. p. 351.

(43) ROMAR, Carla Teresa Martins. *Direito do trabalho esquematizado*. São Paulo: Saraiva, 2013. p. 353-354.

compras. Nessa hipótese, o valor do veículo terá natureza salarial e deverá integrar a remuneração do empregado.

Exemplos de bens fornecidos para o trabalho que não são considerados utilidades (§ 2º, art. 458, CLT) são o vale-transporte (art. 2º, Lei n. 7.418/85), a alimentação com base no Programa de Atendimento ao Trabalhador – PAT (OJs. SDI-1, TST 133 e 413); habitação, energia elétrica, veículo para o trabalho e cigarro (Súmula n. 367 do TST). Veja-se que o veículo fornecido para o desenvolvimento das atividades, como no caso de vendedor viajante, não é considerado salário utilidade.

A reforma trabalhista inseriu o § 5º no art. 458, da CLT, para determinar outras espécies de bens que não são considerados utilidades:

> **Art. 458 (...)**
> **§ 5º** O valor relativo à assistência prestada por serviço médico ou odontológico, próprio ou não, inclusive o reembolso de despesas com medicamentos, óculos, aparelhos ortopédicos, próteses, órteses, despesas médico-hospitalares e outras similares, mesmo quando concedido em diferentes modalidades de planos e coberturas, não integram o salário do empregado para qualquer efeito nem o salário de contribuição, para efeitos do previsto na alínea "q" do § 9º do art. 28 da Lei n. 8.212, de 24 de julho de 1991.

Algumas observações se fazem importantes para clarear a matéria sobre salário *in natura*:

1ª) Empregado que recebe salário mínimo deve perceber, ao menos, 30% do salário em dinheiro, podendo 70% ser em utilidades, de acordo com o parágrafo único do art. 82 da CLT, aplicando tal entendimento aos demais empregados por analogia.

2ª) Aos que recebem salário mínimo, deve ser descontada a porcentagem indicada na lei sobre o salário mínimo, como no caso da habitação (25%) e alimentação (20%) de acordo com o § 3º do art. 458, CLT.

3ª) Aos que recebem acima do salário mínimo, deve ser descontado o real valor da utilidade, a exemplo do empregado que ganha R$ 10.000,00 e a habitação é de R$ 2.000,00. A parcela salarial será acrescida de R$ 2.000,00 e não de 25% do salário contratual, no exemplo citado R$ 2.500,00. Esse é o entendimento consolidado na Súmula n. 254, TST:

SALÁRIO-UTILIDADE. PERCENTUAIS. Os percentuais fixados em lei relativos ao salário *in natura* apenas se referem às hipóteses em que o empregado percebe salário mínimo, apurando-se, nas demais, o real valor da utilidade.

4ª) Se a parcela *in natura* for superior ao valor do teto acima analisado (20 ou 25% para alimentação e habitação, respectivamente), aplica-se a porcentagem do teto, caso contrário o salário poderá ficar quase todo comprometido.

8.4. Composição do salário: parcelas salariais e não salariais

Antes da Reforma, as parcelas componentes do salário eram majoritariamente de natureza salarial, refletindo em todas as demais verbas trabalhistas e poucas de natureza indenizatória.

A Reforma alterou substancialmente a natureza jurídica das parcelas remuneratórias e salariais para torná-las, em sua maioria, parcelas de natureza indenizatória, ou seja, sem reflexos nas demais verbas salariais e sem a incidência das contribuições previdenciárias e fiscais. A tentativa fora talvez, no sentido de desonerar a folha de pagamento das empresas, permitindo facilitar mais contratações, mas, por outro lado e certamente, retirou vantagens dos trabalhadores, ao passo que reduziu o valor da composição salarial, fazendo com que essa alteração refletisse, inclusive na aposentadoria do trabalhador. Hipoteticamente analisando, se apenas o salário fixo do empregado for considerado natureza salarial e a todas as demais parcelas que compõe a remuneração natureza indenizatória, o empregado terá uma redução salarial evidente, o que refletirá na base de cálculo e consequentemente no valor do benefício da aposentadoria.

A Medida Provisória n. 808/2017 (vigência encerrada) tentou ajustar a questão e fazer um "meio termo", mas deixou evidentes contradições, conforme se verifica no quadro abaixo:

Consolidação das Leis do Trabalho Texto anterior à Reforma Trabalhista	Consolidação das Leis do Trabalho Texto após a Reforma Trabalhista	Medida Provisória n. 808, de 14.11.2017
Art. 457. Compreendem-se na remuneração do empregado, para todos os efeitos legais, além do salário devido e pago diretamente pelo empregador, como contraprestação do serviço, as gorjetas que receber.	**Art. 457** (...)	
§ 1º Integram o salário **não só** a importância fixa estipulada, **como também as comissões, percentagens**, gratificações **ajustadas, diárias para viagens e abonos pagos** pelo empregador.	**§ 1º** Integram o salário a importância fixa estipulada, **as gratificações legais e as comissões pagas pelo empregador.**	**§ 1º** Integram o salário a importância fixa estipulada, as gratificações legais **e de função** e as comissões pagas pelo empregador.
§ 2º Não se incluem nos salários as ajudas de custo, assim como as diárias para viagem que não excedam de 50% (cinquenta por cento) do salário percebido pelo empregado.	**§ 2º** As importâncias, ainda que habituais, pagas a título de ajuda de custo, auxílio-alimentação, vedado seu pagamento em dinheiro, diárias para viagem, prêmios **e abonos** não integram a remuneração do empregado, não se incorporam ao contrato de trabalho e não constituem base de incidência de **qualquer encargo trabalhista e previdenciário**.	**§ 2º** As importâncias, ainda que habituais, pagas a título de ajuda de custo, **limitadas a cinquenta por cento da remuneração mensal**, o auxílio-alimentação, vedado o seu pagamento em dinheiro, as diárias para viagem e os prêmios não integram a remuneração do empregado, não se incorporam ao contrato de trabalho e não constituem base de incidência de encargo trabalhista e previdenciário.
§ 3º Considera-se gorjeta não só a importância espontaneamente dada pelo cliente ao empregado, como também **aquela que for cobrada pela empresa ao cliente**, como adicional nas contas, a qualquer título, e destinada a distribuição aos empregados.	**§ 3º** Considera-se gorjeta não só a importância espontaneamente dada pelo cliente ao empregado, como também **o valor cobrado pela empresa, como serviço** ou adicional, a qualquer título, e destinado à distribuição aos empregados.	

Como se observa, referido dispositivo, antes da alteração, previa a integração no salário, não só da importância fixa estipulada, mas também das comissões, percentagens, gratificações ajustadas, abonos e as ajudas de custo, assim como as diárias para viagem que excedessem 50% do salário do empregado.

O § 1º do art. 457 da CLT foi alterado para estabelecer que integram o salário somente a importância fixa estipulada, as gratificações legais e as comissões. Alterou ainda o parágrafo segundo, para tratar que a ajuda de custo (independentemente da porcentagem do salário), auxílio-alimentação, vedado o seu pagamento em dinheiro, as diárias para viagens, prêmios e abonos, ainda que habituais, não integram a remuneração do empregado, nem constitui hipótese de incidência de qualquer encargo trabalhista e previdenciário.

A MP n. 808/2017 (vigência encerrada) alterou novamente o § 1º do art. 457 da CLT para disciplinar que integram o salário a importância fixa estipulada (salário), as gratificações legais e de função, além das comissões pagas pelo empregador, assim como o § 2º do referido artigo para excluir dos salários as ajudas de custo que não excederem a 50% da remuneração mensal do empregado.

No entanto, manteve na redação as figuras jurídicas das diárias para viagem e dos prêmios como não integrantes da remuneração do empregado, em qualquer porcentagem e ainda que habituais, somado a estas a ajuda de custo acima de 50% do salário do empregado.

Em relação às diárias para viagem e ajudas de custo, a MP n. 808/2017, cuja vigência se encerrou em 23.4.2018, confundiu os conceitos, ao manter a natureza indenizatória à porcentagem de 50% do salário para as ajudas de custo, quando, em verdade, deveria mantê-la para as diárias de viagem. Isso porque, conceitualmente e normalmente, a ajuda de custo é paga em única parcela a título de despesas com transferência do empregado, enquanto que as diárias para viagem são pagas habitualmente e, a elas sim, faz sentido manter a natureza indenizatória até 50% do valor do salário pago mensalmente. No entanto, entende-se que ajuda de custo é paga pelo empregador como reembolso de despesas pelo labor prestado em condições especiais.[44] Sem prejuízo de tal entendimento, a natureza indenizatória das diárias para viagem foi conferida pela Lei da Reforma Trabalhista e MP n. 808/2017, merecendo reavaliação para unificar o tratamento jurídico concedido às ajudas de custo.

No que se refere ao tratamento jurídico conferido ao prêmio, a MP n. 808/2017 (vigência esgotada) inseriu o § 22 no art. 457 da CLT para dispor que:

> **Art. 457 (...)**
>
> **§ 22.** Consideram-se prêmios, as **liberalidades concedidas pelo empregador, até duas vezes ao ano**, em forma de bens, serviços ou valor em dinheiro, a empregado, grupo de empregados ou **terceiros vinculados à sua atividade econômica** em razão de **desempenho superior ao ordinariamente esperado no exercício de suas atividades**.

De salutar evidência a contradição existente entre o § 2º e o § 22 do art. 457 da CLT que ora trata do prêmio como natureza indenizatória, ainda que habitual, ora assim o considera apenas se concedido pelo empregador até duas vezes ao ano em razão do desempenho superior ao ordinariamente esperado no exercício das atividades do empregado. Some-se

---

(44) GARCIA, Gustavo Filipe Barbosa. *Curso de direito do trabalho*. 5. ed. Rio de Janeiro: Forense, 2011. p. 406.

a isso o fato de que o § 4º do art. 457 continuara em vigência, certamente por descuido do legislador, que deveria tê-lo revogado.[45] Com o encerramento da MP n. 808/2017, referida contradição deixa de existir.

Uma novidade trazida pela MP n. 808/2017, válida até 23.4.2018, em relação ao tema, é a possibilidade do tomador conceder prêmios aos trabalhadores terceirizados vinculados à sua atividade econômica.

A Medida Provisória andou bem ao retirar o abono, assim considerados os adiantamentos em dinheiro, antecipação salarial e promoções, das parcelas de natureza indenizatória. Porém, sua vigência se encerrou em 23.04.2018, trazendo insegurança jurídica, também em relação a este tema.

Por outro lado, o auxílio-alimentação, não pode ser contraprestado em dinheiro, sob pena de ser caracterizado como parcela de natureza salarial.

Em relação às gorjetas, a MP n. 808/2017 trouxe tratamento específico nos §§ 12 à 21 do art. 457 da CLT, permitindo que os critérios de custeio e rateio sejam definidos através de negociação coletiva ou definidos em assembleia geral dos trabalhadores, na forma estabelecida no art. 612, da CLT, trazendo novas obrigações às empresas em relação ao lançamento, anotações nas CTPS e contracheques, critérios de pagamento, forma de rateio, incorporação das gorjetas ao salário. Inovou ainda, quanto à possibilidade de ser constituída comissão de empregados, através de representantes com garantia de emprego para fiscalização, além de imposição de multa em caso de descumprimento da legislação.[46] Ressalte-se que todas estas novidades foram frutos da referida Medida no período de 14.11.2017 à 23.4.2018.

Tema central e que está em aparente celeuma é se um empregado que percebia parcela que antes da Reforma era considerada salarial, continuará recebendo como natureza indenizatória. Aqui duas principais reflexões surgem: a primeira é que a Lei da Reforma Trabalhista vale para todos os contratos de trabalho em vigência, a qual, de acordo com o art. 2º da Medida Provisória n. 808/2017, o qual estabelece que: "a Lei n. 13.467/2017 se aplica, na integralidade, aos contratos de trabalho vigentes" —, devendo incidir tal regra inclusive na correta e atual natureza jurídica das verbas remuneratórias empregado; e a segunda no sentido de que, se referidas parcelas que antes da Reforma eram de natureza salarial passarem a ser de natureza indenizatória nos contratos de trabalho em vigência haverá evidente redução salarial, o que se encontra óbice no princípio constitucional da irredutibilidade dos salários do art. 7º, VI, CF.

O Pleno do TST tentou reavaliar o tema em 6.2.2018, porém a sessão foi adiada para posicionamento do STF sobre a arguição de inconstitucionalidade de pontos da Reforma.

Abaixo segue quadro com os conceitos das parcelas que compõe o salário e se as mesmas são de natureza salarial ou indenizatória, de acordo com a Lei da Reforma Trabalhista, sem considerar a MP n. 808/2017:

---

(45) Art. 457 § 4º. Consideram-se prêmios, as liberalidades concedidas pelo empregador em forma de bens, serviços ou valor em dinheiro a empregado ou a grupo de empregados, em razão de desempenho superior ao ordinariamente esperado no exercício de suas atividades.

(46) Novos dispositivos sobre a gorjeta: remetemos o leitor a análise do art. 457, §§ 12 a 21 da Consolidação das Leis do Trabalho. COSTA FILHO, Armando Casimiro et al. Consolidação das Leis do Trabalho. 48. ed. São Paulo: LTr, 2017.

Parcela:	Conceito:	Natureza Jurídica:
Abonos	Adiantamentos em dinheiro, antecipação salarial, promoções.	Salarial
Adicionais	Acréscimos que tem como causa o trabalho em condições mais gravosas para quem o presta. Ex: horas extras, noturno, insalubridade, periculosidade.	Salarial
Comissões	Retribuições com base em percentuais sobre os negócios que o empregado vendedor efetua.	Salarial
Gratificações legais	Gratificação de função (art. 224, § 2º e 62, II, e parágrafo único, CLT), gratificação de natal (13º salário).	Salarial
Gratificações ajustadas	Recompensas pecuniárias, habituais, pagas voluntariamente pelo patrão aos seus empregados (Súmulas ns. 207, STF e 152, TST).	Salarial
Gorjetas	Quantias pagas pelo cliente à empresa ou diretamente ao empregado.	Salarial
Ajudas de custo	Pagas pelo empregador como reembolso de despesas pelo labor prestado em condições especiais.	Até 50% do salário: Indenizatória. Acima: salarial
Diárias para viagem	Pagas em razão de viagem a trabalho feita pelo empregado para despesas com hospedagem, alimentação, transporte etc.	Indenizatória
Prêmios	Vinculados a ordem pessoal do trabalhador como produção, eficiência.	Indenizatória
Auxílio-alimentação	Ajuda concedida pelo empregador para refeição e lanche do empregado.	Indenizatória se não concedido em dinheiro
Gorjetas	Importância dada pelo cliente ou empregador como serviço ou adicional, destinada à distribuição aos empregados.	Salarial

8.5. Demais parcelas não salariais

Existem outras parcelas de natureza não salarial, entre as quais destacamos a participação nos lucros da empresa (art. 7º, XI, CF e Lei n. 10.101/2000), *gueltas* e *stock option*.

A participação nos lucros da empresa significa a remuneração complementar através da participação dos trabalhadores nos lucros ou resultados da empresa como instrumento de integração entre o capital e o trabalho e como incentivo à produtividade (art. 1º, Lei da PLR).

É constituída através de negociação entre empregados e empresa por meio de comissão escolhida pelas partes, integrada por um representante indicado pelo sindicato da categoria ou através de acordo ou convenção coletiva de trabalho (art. 2º, I e II, da Lei n. 10.101/00).

É desvinculada da remuneração ao passo que não possui natureza salarial e não serve de base para incidência do FGTS, contribuições previdenciárias, férias + 1/3 e 13º salário, porém incide imposto de renda nos termos do art. 3º, § 5º, da Lei n. 10.101/2000.

As *gueltas* são "valores recebidos diretamente de empresas fabricantes ou distribuidoras de certos produtos, de determinadas marcas", "com objetivo de aumentar as vendas aos clientes e consumidores", ou seja, valores percebidos pelo empregado de terceiros."[47]

---

(47) GARCIA, Gustavo Filipe Barbosa. *Curso de direito do trabalho*. 5. ed. Rio de Janeiro: Forense, 2011. p. 408.

Stock option é o nome que se confere ao valor recebido pelo empregado a título de ações da empresa em que trabalha. O empregador disponibiliza as ações normalmente com prazo para que as mesmas sejam transferidas ao empregado, que terá direito ao valor das ações no momento de sua venda. [48]

Em todos os casos, as parcelas não têm natureza salarial e não integram a remuneração do empregado, para todos os fins.

8.6. Proteção ao salário

A proteção ao salário ocorre de diversas maneiras, entre as quais se destacam:[49]

a) Dia do pagamento: o pagamento de salários deve ocorrer até o 5º dia útil subsequente ao da prestação de serviços, nos termos do art. 459, e § 1º, CLT.

b) Irredutibilidade: o salário não pode ser reduzido, salvo acordo ou convenção coletiva e desde que haja redução da jornada de trabalho (art. 7º, VI e XIII, CF).

c) Descontos: só pode haver incidência de descontos legais, por negociação coletiva (seguro de vida, convênio médico, previdência privada) ou decisão judicial (pensão alimentícia). O desconto por dolo do empregado é possível, independentemente de previsão, enquanto que na modalidade culpa, só é válido se previamente ajustado, nos termos do art. 462, CLT.

d) Impenhorabilidade: o salário é impenhorável, nos termos do art. 833, IV, CPC/2015.

8.7. Valor do salário

O salário não pode ser estipulado em patamar inferior ao salário mínimo, nos termos do art. 7º, IV, CF/88.

No entanto, pode existir o salário profissional, definido em lei, que é o valor mínimo pago a determinada profissão. Ex.: médicos, dentistas e radiologistas (Lei n. 3.999/61), engenheiros (Lei n. 4.950-A/66). [50]

Já o piso salarial diz respeito ao valor mínimo pago a determinada categoria profissional, estabelecido através de acordo ou convenção coletiva de trabalho, nos termos do art. 7º, V, CF.[51]

O salário normativo é aquele fixado pela Justiça do Trabalho através da sentença normativa, no julgamento de dissídio coletivo de trabalho.[52]

8.8. Equiparação salarial

A equiparação salarial é prevista no art. 7º, XXX, CF/88 ao proibir a "diferença de salários, de exercício de funções e de critério de admissão por motivo de sexo, idade, cor ou estado civil", assim como no art. 461, da CLT, alterado substancialmente pela Reforma Trabalhista em julho de 2017.

Equiparar salário, significa igualar a remuneração entre dois ou mais empregados quando presentes alguns requisitos para tanto.

---

(48) GARCIA, Gustavo Filipe Barbosa. *Curso de direito do trabalho*. 5. ed. Rio de Janeiro: Forense, 2011. p. 409.

(49) NASCIMENTO, Amauri Mascaro. *Iniciação ao direito do trabalho*. 38. ed. São Paulo: LTr, 2013. p. 357-359.

(50) *Ibidem*, p. 363.

(51) *Idem*.

(52) *Ibidem*, p. 363-364.

Antes da Lei n. 13.467/2017, todo trabalho entre pessoas com identidade de funções, assim entendido como todo trabalho de igual valor prestado com a mesma produtividade e perfeição técnica, para o mesmo empregador, na mesma localidade (mesma cidade ou região metropolitana), cuja diferença de tempo na função não fosse superior a dois anos, corresponderia a igualdade de salários, nos termos do art. 461, §§ 1º e 2º, CLT e Súmula n. 6, TST.

Com a Reforma, alterou-se o requisito de mesma localidade para mesmo estabelecimento empresarial. Assim, se a prestação de serviços entre pessoas ocorrer para o mesmo empregador em estabelecimentos distintos, como no caso de um empregado que trabalha de um lado da rua e outro do outro lado, ainda que presentes todos os demais requisitos de mesma função, produtividade e perfeição técnica, entre pessoas cuja diferença de tempo na função não seja superior a dois anos, não haverá equiparação de salários, pelo fato de ambos laborarem em estabelecimentos distintos.

O § 1º do art. 461, da CLT, inseriu mais um requisito para a equiparação, qual seja, "entre pessoas cuja diferença de tempo de serviço para o mesmo empregador não seja superior a quatro anos":

Consolidação das Leis do Trabalho Texto anterior à Reforma Trabalhista	Consolidação das Leis do Trabalho Texto após a Reforma Trabalhista
Art. 461. Sendo idêntica a função, a todo trabalho de igual valor, prestado ao mesmo empregador, **na mesma localidade**, corresponderá igual salário, sem distinção de sexo, nacionalidade ou idade.	**Art. 461.** Sendo idêntica a função, a todo trabalho de igual valor, prestado ao mesmo empregador, no **mesmo estabelecimento empresarial**, corresponderá igual salário, sem distinção de sexo, **etnia**, nacionalidade ou idade.
§ 1º Trabalho de igual valor, para os fins deste Capítulo, será o que for feito com igual produtividade e com a mesma perfeição técnica, entre pessoas cuja diferença de tempo de serviço não **for** superior a 2 (dois) anos.	**§ 1º** Trabalho de igual valor, para os fins deste Capítulo, será o que for feito com igual produtividade e com a mesma perfeição técnica, entre pessoas cuja diferença de tempo de serviço para o **mesmo empregador não seja** superior a **quatro** anos e a diferença de tempo na **função não seja** superior a **dois** anos.

O § 2º do referido dispositivo que trata da exceção à regra também foi alterado para prever que além do quadro de carreira, o empregador que possuir plano de cargos e salários por meio de norma interna da empresa ou negociação coletiva, dispensada a homologação de registro em órgão público, não está sujeito a equiparar salários. Essa alteração possibilita que o Plano de Cargos seja realizado pelo empregador ou através do sindicato da categoria profissional, sem necessidade da homologação do Ministério do Trabalho e Emprego.

Consolidação das Leis do Trabalho Texto anterior à Reforma Trabalhista	Consolidação das Leis do Trabalho Texto após a Reforma Trabalhista
§ 2º Os dispositivos deste artigo não prevalecerão quando o empregador tiver pessoal organizado em quadro de carreira, **hipótese em que as promoções deverão obedecer aos critérios de antiguidade** e merecimento.	**§ 2º** Os dispositivos deste artigo não prevalecerão quando o empregador tiver pessoal organizado em quadro de carreira ou **adotar**, por meio de norma interna da empresa ou de negociação coletiva, plano de cargos e salários, dispensada qualquer forma de homologação ou registro em órgão público.

O quadro de carreira também sofreu alteração na medida em que a lei antiga previa que as promoções deveriam obedecer aos critérios de antiguidade e merecimento. O atual § 3º do art. 461, da CLT, estabelece que as promoções poderão ser feitas por merecimento e por antiguidade, ou por apenas um destes critérios, dentro de cada categoria profissional:

Consolidação das Leis do Trabalho Texto anterior à Reforma Trabalhista	Consolidação das Leis do Trabalho Texto após a Reforma Trabalhista
§ 3º No caso do **parágrafo anterior**, as promoções **deverão** ser feitas **alternadamente** por merecimento e por antiguidade, dentro de cada categoria profissional.	§ 3º No caso do **§ 2º deste artigo**, as promoções poderão ser feitas por merecimento e por antiguidade, **ou por apenas um destes critérios**, dentro de cada categoria profissional.

Súmula n. 6, TST: EQUIPARAÇÃO SALARIAL. ART. 461 DA CLT

I – Para os fins previstos no § 2º do art. 461 da CLT, só é válido o quadro de pessoal organizado em carreira quando homologado pelo Ministério do Trabalho, excluindo-se, apenas, dessa exigência o quadro de carreira das entidades de direito público da administração direta, autárquica e fundacional aprovado por ato administrativo da autoridade competente.

II – Para efeito de equiparação de salários em caso de trabalho igual, conta-se o tempo de serviço na função e não no emprego.

III – A equiparação salarial só é possível se o empregado e o paradigma exercerem a mesma função, desempenhando as mesmas tarefas, não importando se os cargos têm, ou não, a mesma denominação.

IV – É desnecessário que, ao tempo da reclamação sobre equiparação salarial, reclamante e paradigma estejam a serviço do estabelecimento, desde que o pedido se relacione com situação pretérita.

V – A cessão de empregados não exclui a equiparação salarial, embora exercida a função em órgão governamental estranho à cedente, se esta responde pelos salários do paradigma e do reclamante.

VI – Presentes os pressupostos do art. 461 da CLT, é irrelevante a circunstância de que o desnível salarial tenha origem em decisão judicial que beneficiou o paradigma, exceto: a) se decorrente de vantagem pessoal ou de tese jurídica superada pela jurisprudência de Corte Superior; b) na hipótese de equiparação salarial em cadeia, suscitada em defesa, se o empregador produzir prova do alegado fato modificativo, impeditivo ou extintivo do direito à equiparação salarial em relação ao paradigma remoto, considerada irrelevante, para esse efeito, a existência de diferença de tempo de serviço na função superior a dois anos entre o reclamante e os empregados paradigmas componentes da cadeia equiparatória, à exceção do paradigma imediato.

VII – Desde que atendidos os requisitos do art. 461 da CLT, é possível a equiparação salarial de trabalho intelectual, que pode ser avaliado por sua perfeição técnica, cuja aferição terá critérios objetivos.

VIII – É do empregador, o ônus da prova do fato impeditivo, modificativo ou extintivo da equiparação salarial.

IX – Na ação de equiparação salarial, a prescrição é parcial e só alcança as diferenças salariais vencidas no período de 5 (cinco) anos que precedeu o ajuizamento.

X – O conceito de "mesma localidade" de que trata o art. 461 da CLT refere-se, em princípio, ao mesmo município, ou a municípios distintos que, comprovadamente, pertençam à mesma região metropolitana.

Em relação ao trabalhador readaptado em nova função, nada mudou, não podendo servir de paradigma para fins de equiparação salarial (art. 461, § 4º, CLT).

A Reforma inseriu o § 5º para tratar sobre a equiparação por indicação de paradigmas remotos, já pacificado pela jurisprudência do TST. Nesse ponto, houve apenas uma regulamentação do que já vinha sendo decidido pelo Judiciário Trabalhista:

> **Art. 461**(...)
> § 5º A equiparação salarial só será possível entre empregados contemporâneos no cargo ou na função, ficando vedada a indicação de paradigmas remotos, ainda que o paradigma contemporâneo tenha obtido a vantagem em ação judicial própria.

Vale dizer que, no caso de reclamação trabalhista, o empregado reclamante não poderá indicar paradigma que teve aumento de salário por decisão judicial fundada em equiparação com outro colega, assim entendido como paradigma remoto, ainda que o paradigma contemporâneo (de origem) tenha obtido a vantagem em ação judicial própria.

O novo § 6º criou multa em favor do empregado discriminado quando a diferença salarial se tratar de motivo de sexo ou etnia, no valor de 50% (cinquenta por cento) do teto da previdência, como no caso de empregado homem que recebe mais que mulher ou empregado brasileiro que ganha mais que o africano.

> **Art. 461** (...)
> § 6º No caso de comprovada discriminação por motivo de sexo ou etnia, o juízo determinará, além do pagamento das diferenças salariais devidas, multa, em favor do empregado discriminado, no valor de 50% (cinquenta por cento) do limite máximo dos benefícios do Regime Geral de Previdência Social.

8.9. Adicionais

Os adicionais são devidos quando o empregado está sujeito a condições especiais de trabalho, como no caso do trabalho em horas extras, trabalho noturno ou em condições de insalubridade, periculosidade e penosidade.

8.9.1. Adicional de insalubridade

O adicional de insalubridade é contraprestado nos casos em que o empregado labora em ambiente com agentes nocivos à saúde, com desgaste físico superior ao trabalho comum, a exemplo do frio, calor, ruído, contato com agentes químico, físicos, biológicos etc. Esse adicional é contraprestado em grau mínimo (10% do salário mínimo da região), médio (20% do salário mínimo da região) ou máximo (40% do salário mínimo da região), integra a remuneração do empregado e é estabelecido através de perícia técnica realizada na ambiência laboral.

Encontra fundamento legal no art. 7º, XXIII da CF/88 e nos arts. 189, 191, 192, CLT e as Normas Regulamentadoras do Ministério do Trabalho e Emprego para classificação do agente, do grau da insalubridade e limites de tolerância.

Sobre a matéria, o TST já editou inúmeras Súmulas e Orientações Jurisprudenciais: Súmulas ns. 47, 80, 139, 248, 289, 293, OJs SDI-1 47, 103, 165, 172, 173, 278.

As recentes alterações da CLT trataram de pontos polêmicos sobre a insalubridade. O novo parágrafo único do art. 60, da CLT, estabelece que a jornada 12 x 36 horas não necessita de exigência de licença prévia. Já o § 1º do art. 61, da CLT, que trata sobre a realização de horas extras em caso de necessidade imperiosa, foi alterado para estabelecer que as horas extras realizadas nessa hipótese podem ser exigidas independentemente de convenção coletiva ou de acordo coletivo de trabalho:

Consolidação das Leis do Trabalho Texto anterior à Reforma Trabalhista	Consolidação das Leis do Trabalho Texto após a Reforma Trabalhista
Art. 60. Nas atividades insalubres, assim consideradas as constantes dos quadros mencionados no capítulo "Da Segurança e da Medicina do Trabalho", ou que neles venham a ser incluídas por ato do Ministro do Trabalho, Indústria e Comércio, quaisquer prorrogações só poderão ser acordadas mediante licença prévia das autoridades competentes em matéria de higiene do trabalho, as quais, para esse efeito, procederão aos necessários exames locais e à verificação dos métodos e processos de trabalho, quer diretamente, quer por intermédio de autoridades sanitárias federais, estaduais e municipais, com quem entrarão em entendimento para tal fim.	**Art. 60** (...)
	Parágrafo único. Excetuam-se da exigência de licença prévia as jornadas de doze horas de trabalho por trinta e seis horas ininterruptas de descanso. (NR)
Art. 61. Ocorrendo necessidade imperiosa, poderá a duração do trabalho exceder do limite legal ou convencionado, seja para fazer face a motivo de força maior, seja para atender à realização ou conclusão de serviços inadiáveis ou cuja inexecução possa acarretar prejuízo manifesto.	**Art. 61.** (...)
§ 1º O excesso, nos casos deste artigo, **poderá** ser exigido independentemente de acordo **ou contrato** coletivo e deverá ser comunicado, dentro de 10 (dez) dias, à **autoridade competente em matéria** de trabalho, ou, antes **desse prazo, justificado no momento da fiscalização sem prejuízo dessa comunicação.**	**§ 1º** O excesso, nos casos deste artigo, **pode** ser exigido independentemente de **convenção coletiva ou** acordo coletivo de trabalho.

A maior das controvérsias, contudo, surgiu com o tema sobre o afastamento do exercício das atividades da gestante no local de trabalho insalubre.

Em 2016, a Lei n. 13.287 determinou que a gestante ou lactante fosse afastada enquanto durasse tais condições, de quaisquer atividades, operações ou locais insalubres, devendo exercer suas atividades em local salubre (art. 394-A).

Com a Lei n. 13.467/17, este artigo fora alterado novamente para determinar que a gestante ficasse afastada das atividades consideradas insalubres em grau máximo, assim como das atividades em grau médio ou mínimo, quando apresentasse atestado de saúde emitido por médico de sua confiança, sem prejuízo de sua remuneração, inclusive do respectivo adicional de insalubridade. Determinou ainda que a lactante ficasse afastada do local insalubre em qualquer grau, durante a lactação, desde que apresentasse atestado declarando essa necessidade, da mesma forma, sem prejuízo de sua remuneração e adicional respectivo.

O § 3º, previu ainda, a possibilidade de inexistir local salubre para a gestante exercer suas tarefas, oportunidade em que ficaria afastada percebendo salário-maternidade durante todo o período. Nesse ponto, questionou-se se o período do salário-maternidade seria modificado também, pois no caso da gestante necessitar ficar afastada durante toda gestação, o período máximo de 120 dias da licença-maternidade teria que ser estendido. Porém, a interpretação mais razoável fora de que o sentido da norma seria determinar a percepção do auxílio-doença, já que este se trata de benefício por prazo indeterminado.

A MP n. 808/2017, cuja vigência se esgotou em 23.4.2018, alterou mais uma vez a matéria, estabelecendo que a empregada gestante ficasse afastada das atividades insalubres, em qualquer grau, enquanto durasse a gestação, exercendo suas atividades em local salubre, excluído o pagamento do adicional de insalubridade. Nos graus mínimo e médio, contudo, a empregada poderia apresentar atestado emitido por médico de sua confiança, autorizando sua permanência no ambiente laboral. A MP esclareceu dúvida razoável que se tinha sobre o médico de confiança da gestante, podendo ser do sistema único de saúde ou particular (art. 394-A e § 2º, da CLT):

Consolidação das Leis do Trabalho Texto após a Reforma Trabalhista	Medida Provisória n. 808, de 14.11.2017
Art. 394-A. Sem prejuízo de sua remuneração, nesta incluído o valor do adicional de insalubridade, a empregada deverá ser afastada de: I – atividades consideradas insalubres em grau máximo, enquanto durar a gestação; II – atividades consideradas insalubres em grau médio ou mínimo, quando apresentar atestado de saúde emitido por medico de confiança da mulher, que recomende o afastamento durante a gestação; III – atividades consideradas insalubres em qualquer grau, quando apresentar atestado de saúde, emitido por medico de confiança da mulher, que recomende o afastamento durante a lactação.	Art. 394-A. A empregada gestante será afastada, enquanto durar a gestação, de quaisquer atividades, operações ou locais insalubres e exercerá suas atividades em local salubre, excluído, nesse caso, o pagamento de adicional de insalubridade.
§ 2º Cabe à empresa pagar o adicional de insalubridade à gestante ou à lactante, efetivando-se a compensação, observado o disposto no art. 248 da Constituição Federal, por ocasião do recolhimento das contribuições incidentes sobre a folha de salários e demais rendimentos pagos ou creditados, a qualquer título, à pessoa física que lhe preste serviço.	§ 2º O exercício de atividades e operações insalubres em grau médio ou mínimo, pela gestante, somente será permitido quando ela, voluntariamente, apresentar atestado de saúde, emitido por médico de sua confiança, do sistema privado ou público de saúde, que autorize a sua permanência no exercício de suas atividades.
§ 3º Quando não for possível que a gestante ou a lactante afastada nos termos do caput deste artigo exerça suas atividades em local salubre na empresa, a hipótese será considerada como gravidez de risco e ensejará a percepção de salário-maternidade, nos termos da Lei n. 8.213, de 24 de julho de 1991, durante todo o período de afastamento. (NR)	§ 3º A empregada lactante será afastada de atividades e operações consideradas insalubres em qualquer grau quando apresentar atestado de saúde emitido por médico de sua confiança, do sistema privado ou público de saúde, que recomende o afastamento durante a lactação.

De acordo com a MP n. 808/2017, a lactante continuaria exercendo suas atividades normalmente em qualquer grau da insalubridade e seria afastada quando apresentasse atestado de saúde emitido por médico de sua confiança, do sistema privado ou público de saúde, que recomendasse o afastamento durante a lactação, nos termos do § 3º. Com sua decadência, dúvida razoável é trazida à baila em virtude da lacuna a respeito da matéria.

O art. 396, § 2º, da CLT foi criado pela Reforma para estabelecer que os dois intervalos diários de 30 minutos cada um para amamentação da criança até 06 meses de idade, devem ser definidos em acordo entre as partes:

Consolidação das Leis do Trabalho Texto anterior à Reforma Trabalhista	Consolidação das Leis do Trabalho Texto após a Reforma Trabalhista
Art. 396. Para amamentar o próprio filho, até que este complete 6 (seis) meses de idade, a mulher terá direito, durante a jornada de trabalho, a 2 (dois) descansos especiais, de meia hora cada um.	Art. 396 (...)
Parágrafo único. Quando o exigir a saúde do filho, o período de 6 (seis) meses poderá ser dilatado, a critério da autoridade competente.	§ 1º (...)
	§ 2º Os horários dos descansos previstos no *caput* deste artigo deverão ser definidos em acordo individual entre a mulher e o empregador." (NR)

Assim, os momentos em que a lactante usufruirá dos descansos especiais para amamentação durante a jornada serão definidos em acordo entre a empregada e o empregador.

8.9.2. Adicional de periculosidade

O adicional de periculosidade é previsto no art. 7º, XXIII, da CF, e de forma taxativa no art. 193, CLT, que trata do trabalho em atividades ou operações perigosas, com risco acentuado de exposição do trabalhador a:

a) inflamáveis, explosivos ou energia elétrica;

b) roubos ou outras espécies de violência física nas atividades profissionais de segurança pessoal ou patrimonial;

c) atividades de trabalhador em motocicleta.

O trabalho em condições de periculosidade assegura ao empregado um adicional de 30% (trinta por cento) sobre o salário sem os acréscimos resultantes de gratificações, prêmios ou participações nos lucros da empresa, nos termos do art. 193, § 1º, CLT.

Sobre o tema, o TST já editou as seguintes Súmulas: 39, 132, 364 e OJs: 324, 347, 385 e 406, SDI-1.

8.9.3. Adicional de penosidade

O Art. 7º, XXIII, CF/88, também trata do adicional de remuneração para as atividades penosas, na forma da lei. Ocorre que até os dias atuais, a legislação infraconstitucional não tratou de regulamentar o assunto, inexistindo, contudo, o pagamento do adicional de penosidade na prática.

Trabalho penoso significa aquele que é prestado em prejuízo à integridade física do empregado, desenvolvido em condições de trabalho mais difíceis através de um trabalho desgastante, gravoso.

Algumas decisões judiciais conferem o adicional de penosidade através dos métodos de integração das lacunas do ordenamento jurídico pátrio.

Os adicionais de horas extras e noturno serão tratados no item Jornada de Trabalho.

9

Duração do Trabalho

9.1. Definição de jornada de trabalho

Jornada de trabalho é a quantidade de trabalho que diariamente o empregado cumpre em favor de seu empregador como obrigação decorrente do contrato de trabalho.[53]

Existem duas teorias sobre jornada de trabalho:[54]

a) Tempo efetivamente trabalhado: é aquele em que o empregado está prestando serviços em prol do empregador, desenvolvendo suas atividades ou executando ordens.

b) Tempo à disposição do empregador: previsto no art. 4º da CLT: "Considera-se como de serviço efetivo o período em que o empregado esteja à disposição do empregador, aguardando ou executando ordens, salvo disposição especial expressamente consignada".

9.1.1. Tempo à disposição do empregador

O § 2º do referido artigo, incluído pela Lei da Reforma Trabalhista, estabelece os períodos que não serão considerados tempo à disposição do empregador e não serão computados como extraordinários, quando excederem a jornada normal de trabalho:

> **Art. 4º (...)**
> **§ 2º** Por não se considerar tempo à disposição do empregador, não será computado como período extraordinário o que exceder a jornada normal, ainda que ultrapasse o limite de cinco minutos previsto no § 1º do art. 58 desta Consolidação, quando o empregado, por escolha própria, **buscar proteção pessoal, em caso de insegurança nas vias públicas ou más condições climáticas**, bem como **adentrar ou permanecer nas dependências da empresa para exercer atividades particulares**, entre outras:
> I – práticas religiosas;
> II – descanso;
> III – lazer;
> IV – estudo;
> V – alimentação;
> VI – atividades de relacionamento social;
> VII – higiene pessoal;
> VIII – troca de roupa ou uniforme, quando não houver obrigatoriedade de realizar a troca na empresa.

---

(53) ROMAR, Carla Teresa Martins. *Direito do trabalho esquematizado*. São Paulo: Saraiva, 2013. p. 279.

(54) *Idem*.

Duas questões importantes se extraem desse novel:

A primeira diz respeito ao fato de que o tempo dispensado em tais hipóteses só não será considerado à disposição do empregador se for de escolha própria do empregado no exercício de tais atividades. Assim, se o empregador determinar, por exemplo, que todas as sextas-feiras sejam feitas reuniões para estudo da bíblia sagrada e oração antes do início da jornada, ainda que seja opcional ao empregado participar, esse tempo será considerado à disposição do empregador. Outro exemplo ocorre com o uniforme. Se for determinado pelo empregador a obrigatoriedade de troca dentro do estabelecimento, tanto na chegada quanto na saída, esse tempo será computado como jornada efetiva, como no caso de empregador que não quer que o empregado ande na rua com uniforme.

A segunda se trata do modo como o empregador irá controlar o tempo que está sendo gasto com atividades particulares do empregado durante a jornada de trabalho e que não será computado como tempo à disposição do empregador. A este, cabe o poder de organização da atividade empresarial através do regulamento interno de empresa para determinar o que é exigido e o que é escolha própria do empregado, assim como o poder disciplinar de aplicar advertências, suspensões e até despedida por justa causa na hipótese de reincidência da conduta.

Exceção ao tema 'tempo à disposição do empregador' é o período de inatividade do empregado no trabalho intermitente (art. 452-C, § 2º, CLT) e o trabalho de sobreaviso e prontidão, que são remunerados parcialmente.

A Súmula n. 429 do TST estabelece, ainda, que o tempo gasto entre a portaria da empresa e o local de trabalho é considerado tempo à disposição do empregador:

> TEMPO À DISPOSIÇÃO DO EMPREGADOR. ART. 4º DA CLT. PERÍODO DE DESLOCAMENTO ENTRE A PORTARIA E O LOCAL DE TRABALHO. Considera-se à disposição do empregador, na forma do art. 4º da CLT, o tempo necessário ao deslocamento do trabalhador entre a portaria da empresa e o local de trabalho, desde que supere o limite de 10 (dez) minutos diários.

Este tempo, contudo, deve ser superior a dez minutos diários, caso contrário, não serão descontadas nem computadas como jornada extraordinária, nos termos do art. 58, § 1º, da CLT.

9.2. Tipos de jornada

Existem diversos tipos de jornada de trabalho, as quais serão divididas na presente obra em jornada normal e jornada especial de trabalho.

A jornada normal de trabalho é prevista no art. 7º, XIII, CF/88 e se refere àquela em que o empregado trabalha 08 horas diárias e 44 horas semanais.

Jornada especial de trabalho decorre de lei, convenção coletiva, sentença normativa ou contrato individual de trabalho, como no caso do bancário que labora 6 horas diárias e 30 horas semanais (art. 224, CLT), o professor que ministra 04 aulas consecutivas ou 06 intercaladas no mesmo estabelecimento de ensino (art. 318, CLT), a telefonista que possui jornada de 6 horas diárias e 36 horas semanais (art. 227, CLT).

9.2.1. Jornada a tempo parcial

Antes da Reforma Trabalhista, a jornada a tempo parcial era de até 25 horas semanais, sem a possibilidade de realização de horas extraordinárias, sendo o § 4º do art. 59 da CLT revogado. Atualmente, tem duração de até 30 horas semanais, sem a possibilidade do empregado laborar em jornada extraordinária ou até 26 horas semanais, com a possibilidade de realização de até 06 horas extras por semana, nos termos do art. 58-A, CLT, alterado pela Reforma Trabalhista:

> **Art. 58-A.** Considera-se trabalho em regime de tempo parcial aquele cuja duração não exceda a **trinta horas semanais, sem a possibilidade de horas suplementares semanais**, ou, ainda, aquele cuja duração não exceda a vinte e seis horas semanais, com a possibilidade de acréscimo de até seis horas suplementares semanais.

Ressalte-se que essa jornada especial de trabalho pode ser formalizada até 30 horas semanais, sem horas extras ou até 26 horas com 06 horas extras por semana. A expressão "que não exceda a trinta horas semanais" ou "não exceda a vinte e seis horas semanais" significa que o empregador pode estabelecer jornadas inferiores como, por exemplo, 05 ou 10 horas semanais de trabalho. Nessas hipóteses, o § 4º do art. 58-A é taxativo ao dispor que as horas suplementares realizadas além destes quantitativos serão consideradas horas extras, estando também limitadas a seis horas suplementares semanais:

> **§ 4º** Na hipótese de o contrato de trabalho em regime de tempo parcial ser estabelecido em **número inferior a vinte e seis horas semanais, as horas suplementares a este quantitativo serão consideradas horas extras** para fins do pagamento estipulado no § 3º, estando também limitadas a seis horas suplementares semanais.

Havendo realização de horas extras na jornada a tempo parcial, as mesmas deverão ser compensadas "até a semana imediatamente posterior à da sua execução, devendo ser feita a sua quitação na folha de pagamento do mês subsequente, caso não sejam compensadas" (art. 58-A, § 5º).

Outra novidade é que a Reforma Trabalhista houve por bem adequar a CLT ao texto constitucional no que se refere ao adicional de horas extras a 50% sobre o valor da hora normal (art. 7º, XVI, CF), pois o diploma celetista ainda tratava do referido adicional a 20%, consoante o novo § 3º do art. 58-A:

> **§ 3º** As horas suplementares à duração do trabalho semanal normal serão pagas com o acréscimo de 50% (cinquenta por cento) sobre o salário-hora normal.

Em relação às férias, também houve alteração no texto consolidado, pois antes o empregado usufruía férias proporcionalmente à quantidade de horas laboradas por semana, nos termos do art. 130-A, CLT, revogado pela Reforma. Agora, o empregado que labora em jornada a tempo parcial, seja ela em qualquer quantitativo até o limite legal, tem direito aos mesmos 30 dias de férias que qualquer outro empregado, nos termos do art. 130, da CLT. O empregado contratado neste regime poderá converter 1/3 do período de férias em abono pecuniário (venda de férias), o que antes também não era possível:

> **§ 6º** É facultado ao empregado contratado sob regime de tempo parcial **converter um terço do período de férias a que tiver direito em abono pecuniário.**
>
> **§ 7º** As férias do regime de tempo parcial são regidas pelo disposto no art. 130 desta Consolidação.

Outra alteração significativa foi a jornada em escala 12 x 36 horas. Passa-se, pois, ao estudo.

9.2.2. Jornada 12 x 36 horas

Jornada 12 x 36 horas é considerada jornada especial de trabalho, em que o empregado trabalha 12 horas diárias, seguidas de 36 horas de descanso. É muito comum nas atividades de vigilância e área da saúde.

A escala 12 x 36 horas, antes da Reforma, era admita desde que prevista em lei ou acordo ou convenção coletiva de trabalho, tanto que não havia previsão na CLT. A jurisprudência também já tinha se posicionado pela validade, através da Súmula n. 444, do TST.[55]

Com a Lei n. 13.467/2017, a jornada 12 x 36 horas passou a ser admitida também "mediante acordo individual escrito" para qualquer categoria profissional, nos termos do novo art. 59-A da CLT.

Em meio a duras críticas, inclusive sobre a inconstitucionalidade da novel regra trabalhista[56], a MP n. 808/2017 alterou novamente a redação do citado dispositivo para voltar a dizer que a escala 12 x 36 horas só seria possível, em regra, desde que prevista em lei ou acordo ou convenção coletiva de trabalho:

Consolidação das Leis do Trabalho Texto após a Reforma Trabalhista	Medida Provisória n. 808, de 14.11.2017
Art. 59-A. Em exceção ao disposto no art. 59 desta Consolidação, é facultado às partes, **mediante acordo individual escrito**, convenção coletiva ou acordo coletivo de trabalho, estabelecer horário de trabalho de doze horas seguidas por trinta e seis horas ininterruptas de descanso, observados ou indenizados os intervalos para repouso e alimentação.	**Art. 59-A.** Em exceção ao disposto no art. 59 **e em leis específicas**, é facultado às partes, por meio de convenção coletiva ou acordo coletivo de trabalho, estabelecer horário de trabalho de doze horas seguidas por trinta e seis horas ininterruptas de descanso, observados ou indenizados os intervalos para repouso e alimentação.

O Governo preferiu excetuar do regramento, às entidades da área da saúde, ao permitir que a jornada 12 x 36 horas fosse firmada para essa categoria de trabalhadores também mediante acordo individual escrito, a par do § 2º do referido artigo inserido pela MP n. 808/2017:

> **Art. 59-A (...)**
> **§ 2º** É facultado às entidades atuantes no setor de saúde estabelecer, **por meio de acordo individual escrito, convenção coletiva ou acordo coletivo de trabalho, horário de trabalho de doze horas seguidas por trinta e seis horas ininterruptas de descanso**, observados ou indenizados os intervalos para repouso e alimentação.

Em virtude do encerramento da vigência da MP n. 808/2017, ressalta-se a redação original do texto da Reforma, no sentido de que a jornada 12 x 36 horas pode ser firmada, para qualquer atividade econômica e ramo de atuação, através de acordo individual escrito.

---

(55) JORNADA DE TRABALHO. NORMA COLETIVA. LEI. ESCALA DE 12 POR 36. VALIDADE. É valida, em caráter excepcional, a jornada de doze horas de trabalho por trinta e seis de descanso, prevista em lei ou ajustada exclusivamente mediante acordo coletivo de trabalho ou convenção coletiva de trabalho, assegurada a remuneração em dobro dos feriados trabalhados. O empregado não tem direito ao pagamento de adicional referente ao labor prestado na décima primeira e décima segunda horas.

(56) Contrariedade ao art. 7º, XIII, CF/88: XIII – duração do trabalho normal não superior a oito horas diárias e quarenta e quatro semanais, **facultada a compensação de horários e a redução da jornada, mediante acordo ou convenção coletiva de trabalho;**

Em relação aos intervalos, se discute a inconstitucionalidade da expressão "observados ou indenizados", vez que os intervalos para refeição e descanso sempre foram matéria de ordem pública por constituírem medida de higiene, saúde e segurança do trabalho (art. 71 da CLT, art. 7º, XXII, da CF/1988 e Súmula n. 437, TST). Some-se a isso o fato de que os trabalhadores, nesse regime, já possuem dura carga de trabalho por laborarem 12 horas diárias e, ao possibilitar, a norma trabalhista, que a inobservância do intervalo para refeição e descanso possa ser simplesmente indenizado, não leva em consideração os inúmeros acidentes de trabalho que possam vir a ocorrer pela ausência de descanso desse trabalhador, ainda mais aqueles que trabalham na área da saúde, cuidando e zelando pela vida das pessoas.

A nova norma trabalhista considera o trabalho nos dias de descansos semanais remunerados e feriados como dia normal de trabalho, não havendo se falar em pagamento de adicionais de horas extras (100%), nem tampouco de compensação do DSR:

> § 1º A **remuneração mensal** pactuada pelo horário previsto no *caput* **abrange os pagamentos devidos pelo descanso semanal remunerado e pelo descanso em feriados** e serão considerados compensados os feriados e as prorrogações de trabalho noturno, quando houver, de que tratam o art. 70 e o § 5º do art. 73.

O dispositivo, ao estabelecer que a remuneração mensal pactuada abrange os pagamentos devidos pelo descanso semanal remunerado e descanso em feriados, assim como as compensações dos feriados e prorrogações de trabalho noturno, permite o que a legislação e jurisprudência rechaça, o chamado "salário complessivo", o qual engloba várias parcelas em uma só discriminação. A Súmula n. 91 do TST, que trata sobre o salário complessivo, estabelece que é "nula é a cláusula contratual que fixa determinada importância ou percentagem para atender englobadamente vários direitos legais ou contratuais do trabalhador".

No mesmo sentido, a Súmula n. 146 do TST já havia pacificado o tema na seara jurisprudencial em relação ao trabalho em domingos e feriados, não compensados: "O trabalho prestado em domingos e feriados, não compensado, deve ser pago em dobro, sem prejuízo da remuneração relativa ao repouso semanal".

A jurisprudência do TST, através da OJ n. 388 da SDI 1, também já havia se firmado no sentido de que "O empregado submetido à jornada de 12 horas de trabalho por 36 de descanso, que compreenda a totalidade do período noturno, tem direito ao adicional noturno, relativo às horas trabalhadas após as 5 horas da manhã", estando a Lei da Reforma contrária a este entendimento.

9.2.3. Turnos Ininterruptos de Revezamento

Nessa modalidade de jornada de trabalho, há constante modificação dos horários de trabalho dos empregados (e não da empresa), com alternância fixada por escalas de revezamento (art. 7º, XIV, CF).

Para Mauricio Godinho Delgado, turno ininterrupto de revezamento é:

> (...) o sistema de trabalho que coloque o empregado, alternativamente, em cada semana, quinzena, mês ou período relativamente superior, em contato com as diversas fases do dia e da noite, cobrindo as horas integrantes da composição dia/noite, ou, pelo menos, parte importante das fases diurnas e noturnas.

A jornada é de 06 horas diárias ou 36 horas semanais, podendo ser de 08 horas diárias ou 44 horas semanais mediante negociação coletiva, nos termos da Súmula n. 423, TST:

> TURNO ININTERRUPTO DE REVEZAMENTO. FIXAÇÃO DE JORNADA DE TRABALHO MEDIANTE NEGOCIAÇÃO COLETIVA. VALIDADE.
>
> Estabelecida jornada superior a seis horas e limitada a oito horas por meio de regular negociação coletiva, os empregados submetidos a turnos ininterruptos de revezamento não têm direito ao pagamento da 7ª e 8ª horas como extras.

Caso não exista pactuação normativa da prorrogação da jornada por mais duas horas diárias de labor, e trabalhando o empregado 08 horas por dia, a sétima e a oitava horas serão consideradas extraordinárias e deverão ser pagas com adicional de no mínimo 50% sobre a hora normal de trabalho ou compensadas.

9.3. Controle de jornada

O empregador pode se utilizar de várias formas de controle de jornada dos empregados, no que tange ao registro de entrada e saída dos mesmos, sendo obrigatório o controle acima de dez empregados, nos termos do art. 74, § 2º, CLT. O controle de jornada pode ser manual, mecânico ou eletrônico, conforme dispõem a CLT e instruções do Ministério do Trabalho. A Súmula n. 338, TST também trata da matéria:

> JORNADA DE TRABALHO. REGISTRO. ÔNUS DA PROVA
>
> I – É ônus do empregador que conta com mais de 10 (dez) empregados o registro da jornada de trabalho na forma do art. 74, § 2º, da CLT. A não apresentação injustificada dos controles de frequência gera presunção relativa de veracidade da jornada de trabalho, a qual pode ser elidida por prova em contrário.
>
> II – A presunção de veracidade da jornada de trabalho, ainda que prevista em instrumento normativo, pode ser elidida por prova em contrário.
>
> III – Os cartões de ponto que demonstram horários de entrada e saída uniformes são inválidos como meio de prova, invertendo-se o ônus da prova, relativo às horas extras, que passa a ser do empregador, prevalecendo a jornada da inicial se dele não se desincumbir.

O Ministério do Trabalho e Emprego, através da Portaria n. 1.510/09, houve por bem disciplinar o registro eletrônico de ponto e a utilização do Sistema de Registro Eletrônico de Ponto — SREP como "o conjunto de equipamentos e programas informatizados destinado à anotação por meio eletrônico da entrada e saída dos trabalhadores das empresas". Nela, é estabelecido que em cada marcação de ponto, o relógio emitirá um comprovante, o qual se recomenda seja guardado pelo empregado.

A novidade trazida pela Reforma Trabalhista é no sentido de que a modalidade de registro de jornada de trabalho pode ser negociada através de acordo ou convenção coletiva de trabalho, nos termos do art. 611-A, X, CLT.

9.4. Horas extraordinárias e adicionais

A Reforma Trabalhista alterou significativamente a questão das horas extraordinárias, quer em relação as formas de compensação, quer em relação ao banco de horas, o que afeta o dia a dia de milhares de trabalhadores em todo país.

A realização de horas extras, é, contudo, vedada ao menor de 18 anos de idade, exceto se houver compensação ou em caso de força maior (art. 413, CLT), assim como ao menor aprendiz, em qualquer situação (art. 432, CLT).

Em primeiro plano, impende esclarecer que as horas extraordinárias, num conceito breve e simples, são aquelas horas que ultrapassam a jornada de trabalho do empregado, seja ela considerada jornada normal, seja considerada jornada especial de trabalho. Em relação a estas, vale registrar que na jornada parcial de 30 horas semanais e na jornada 12 de trabalho diário x 36 horas de descanso, não é possível a realização de horas extras.

Assim, para que uma jornada seja elasticida, é necessário acordo de prorrogação de horas. Vale revisitar o tema já tratado na jornada a tempo parcial no sentido de que a Lei da Reforma Trabalhista houve por bem adequar a CLT ao texto constitucional no que se refere ao pagamento do adicional de horas extras a 50% sobre o valor da hora normal (art. 7º, XVI, CF), pois o diploma celetista ainda tratava do referido adicional a 20%, consoante alteração do § 1º do art. 59, CLT: "§ 1º A remuneração da hora extra será, pelo menos, 50% (cinquenta por cento) superior à da hora normal".

O adicional de horas extras é de no mínimo 50%, uma vez que, havendo norma coletiva estabelecendo adicional maior, aplica-se esta, mais favorável ao trabalhador.

9.4.1. Acordo de prorrogação e sistema de compensação de horas

Acordo de prorrogação de horas é o ajuste de vontades entre empregado e empregador para prorrogar a jornada normal de trabalho.

A Reforma Trabalhista não alterou a quantidade de horas no trabalho suplementar, continuando a permissão do acréscimo de até 02 horas diárias. Assim, se o empregado labora na jornada normal de 08 horas diárias, só poderá realizar mais 02 horas extras por dia, totalizando 10 horas diárias de trabalho. Se o trabalhador atua em jornada especial de 06 horas, por exemplo, da mesma maneira, só poderá dilatar sua jornada até mais 02 horas, totalizando, neste caso, 08 horas diárias. No entanto, o "*caput* do art. 59", da CLT, foi alterado no que tange à forma de estipulação do acordo de prorrogação de jornada de trabalho.

Antes de se revelar a alteração, necessário esclarecer que doutrina e jurisprudência, após debates de longos anos, muito em virtude das alterações legislativas pertinentes ao tema, firmaram entendimento no sentido de que o acordo individual, assim como a negociação coletiva, são instrumentos aceitáveis de prorrogação de jornada.[57] Isso porque, o art. 7º, XIII, CF, ao estabelecer a "compensação de horários mediante acordo ou convenção coletiva de trabalho", diz respeito ao acordo entre empregado e empregador e a negociação coletiva, por este motivo o art. 59, *caput*, CLT, que trata do acordo individual estaria recepcionado pela CF/88. Essa é interpretação sistemática do art. 7º, XIII, uma vez que, quando a Constituição Federal quis se referir exclusivamente à negociação coletiva, o fez de forma expressa, nos termos do art. 7º, XIV.[58]

---

(57) MOURA, Marcelo. *Curso de direito do trabalho*. São Paulo: Saraiva, 2014. p. 454.

(58) Art. 7º, XIV, CF/88: XIV – jornada de seis horas para o trabalho realizado em turnos ininterruptos de revezamento, salvo negociação coletiva.

Antes da Lei da Reforma Trabalhista (Lei n. 13.467/17), a legislação permitia a prorrogação mediante "acordo escrito entre empregador e empregado ou mediante contrato coletivo de trabalho". Agora, a redação estabelece o ajuste por "acordo individual, acordo coletivo ou convenção coletiva", sendo retirada a expressão "escrito", por permitir, mais adiante o § 6º do art. 59, CLT, a compensação mediante ajuste tácito:[59]

Consolidação das Leis do Trabalho Texto anterior à Reforma Trabalhista	Consolidação das Leis do Trabalho Texto após a Reforma Trabalhista
Art. 59. A duração **normal** do trabalho poderá ser acrescida de horas **suplementares**, em número não excedente de **2 (duas)**, mediante acordo **escrito entre empregador e empregado**, ou **mediante contrato** coletivo de trabalho.	**Art. 59.** A duração **diária** do trabalho poderá ser acrescida de horas **extras**, em número não excedente de duas, **por** acordo **individual, convenção coletiva** ou **acordo** coletivo de trabalho.

Havendo a prorrogação da jornada, cabe ao empregador pagar as horas extras laboradas com adicional de no mínimo 50% sobre a hora normal de trabalho. Havendo norma coletiva dispondo adicional superior a 50%, este prevalecerá, por ser mais benéfico ao trabalhador.

Sistema de compensação é o acordo pelo qual as horas excedentes das normais prestadas num dia são deduzidas em outros dias. Pode ser estabelecido para compensação de horas suplementares prestadas durante a semana, ou para compensação mensal, semestral ou anual. A compensação mensal e semestral foi inserida pela Reforma Trabalhista no art. 59, §§ 6º e 5º, CLT, respectivamente.

Em relação à formalização do sistema de compensação, não existem maiores discussões quando ela ocorre através de negociação coletiva. A legislação, contudo, possibilita a compensação através de acordo individual[60], conforme *caput* do art. 59 da CLT, ou entendendida com tal a que ocorre a partir da realização de horas extras de forma fixa. Ex: empregado labora em jornada suplementar de forma fixa durante a semana para compensar o sábado.

Já a compensação mensal pode ser firmada através de acordo individual tácito ou escrito, conforme o novo § 6º do art. 59, da CLT, e diz respeito à compensação da realização de horas extras realizadas de forma fixa, porém dentro do próprio mês. Ex: empregado labora em jornada suplementar no mês em que existe "dia ponte" para compensação deste:

Art. 59. (...)
§ 6º É lícito o regime de compensação de jornada estabelecido por acordo individual, **tácito ou escrito, para a compensação no mesmo mês.**

O acordo tácito passa a ser válido para compensação dentro do próprio mês, nos termos do § 6º do art. 59, da CLT, inserido pela Reforma Trabalhista. Vale ressaltar que a Súmula n. 85, I do TST não prescreve o acordo tácito ou verbal, mas somente escrito.

---

(59) *Vide* Súmula n. 85, TST, OJs 182 e 233, SDI-1, TST sobre compensação de horas.
(60) O *caput* do art. 59, CLT retirou a expressão "escrito", podendo levar a entender que o acordo individual pode ser tácito. No entanto, o legislador poderia ter inserido esta expressão, assim como o fez no § 6º do citado dispositivo, podendo concluir que o acordo individual do *caput* do art. 59 deve ocorrer na forma escrita, assim como determinado no item I da Súmula n. 85 do TST.

O art. 59-B, também inserido pela Reforma, trata da compensação quando não atendidas as exigências legais, inclusive quando estabelecida mediante acordo tácito:[61]

> **Art. 59-B. O não atendimento das exigências legais para compensação de jornada, inclusive quando estabelecida mediante acordo tácito**, não implica a repetição do pagamento das horas excedentes à jornada normal diária se não ultrapassada a duração máxima semanal, sendo devido apenas o respectivo adicional.

Significa dizer que, se a exigência do acordo individual ou negociação coletiva não for atendida para fins de compensação, não haverá o pagamento da hora suplementar trabalhada de forma "cheia" mais 50%, mas apenas o pagamento do adicional de 50%, se a soma das jornadas diárias laboradas durante a semana (no total das horas) não ultrapassou as 44 horas semanais previstas na CF/88 (art. 7º, XIII). Ato contínuo, se na totalidade das horas laboradas durante a semana foi ultrapassada a jornada semanal de 44 horas, serão pagas as horas suplementares a 44ª de forma integral mais os 50% do adicional de horas extras.

Diante dessas alterações, faz-se a seguinte distinção entre compensação semanal e mensal por acordo individual, já que não há maiores discussões quando ela é realizada através de negociação coletiva:

Compensação semanal	Ocorre a partir da realização de horas extras de forma fixa durante a semana, através de acordo individual, acordo ou convenção coletiva de trabalho.
Compensação mensal	Ocorre a partir da realização de horas extras de forma fixa durante o mês, através de acordo individual tácito ou escrito, acordo ou convenção coletiva de trabalho.

O legislador também inovou ao estabelecer que "a prestação de horas extras habituais não descaracteriza o acordo de compensação de jornada e o banco de horas", nos termos do parágrafo único do art. 59, CLT.[62]

No que se refere à compensação anual, é pacificado na doutrina e jurisprudência que só é possível mediante banco de horas firmado através de negociação coletiva, por se tratar de horas extras habituais, que gera maior desgaste ao trabalhador.

9.4.2. Banco de Horas

O banco de horas se difere do sistema de compensação, ao passo que o empregado presta horas extras de forma aleatória conforme necessidade e solicitação do empregador e não de forma fixa como ocorre no sistema de compensação.

A Lei n. 9.601/98 instituiu o banco de horas e fixou o prazo para compensação em 120 dias, porém, a Medida Provisória n. 2.164/41 alterou a redação do § 2º do art. 59, da CLT, para fixar o prazo máximo em 01 ano.

---

(61) Nesse sentido, é a Súmula n. 85, III, do TST: "O mero não atendimento das exigências legais para a compensação de jornada, inclusive quando encetada mediante acordo tácito, não implica a repetição do pagamento das horas excedentes à jornada normal diária, se não dilatada a jornada máxima semanal, sendo devido apenas o respectivo adicional".

(62) Entendimento contrário à Súmula n. 85, IV: "A prestação de horas extras habituais descaracteriza o acordo de compensação de jornada. Nesta hipótese, as horas que ultrapassarem a jornada semanal normal deverão ser pagas como horas extraordinárias e, quanto àquelas destinadas à compensação, deverá ser pago a mais apenas o adicional por trabalho extraordinário".

O banco de horas, nos termos do citado artigo, é modalidade de compensação das horas extras laboradas no período máximo de 01 ano através de negociação coletiva (inalterado com a Reforma), também previsto na Súmula n. 85, V, do TST:

Art. 59, CLT.

(...)

§ 2º Poderá ser dispensado o acréscimo de salário se, por força de acordo ou convenção coletiva de trabalho, o excesso de horas em um dia for compensado pela correspondente diminuição em outro dia, de maneira que não exceda, no período máximo de um ano, à soma das jornadas semanais de trabalho previstas, nem seja ultrapassado o limite máximo de dez horas diárias.

Súmula n. 85, TST

(...)

V. As disposições contidas nesta súmula não se aplicam ao regime compensatório na modalidade "banco de horas", que somente pode ser instituído por negociação coletiva.

A Lei da Reforma Trabalhista inseriu o § 5º no art. 59 da CLT para permitir que o banco de horas seja pactuado por acordo individual escrito, desde que a compensação ocorra no período máximo de seis meses:

> **Art. 59** (...)
> § 5º O banco de horas de que trata o § 2º deste artigo poderá ser pactuado por acordo individual escrito, desde que a compensação ocorra no período máximo de seis meses.

Referido artigo restou irretocável com a MP n. 808/2017, mesmo diante de duras críticas daqueles que entendem que o art. 7º, XIII, da CF, exige negociação coletiva para a compensação de horários.

O banco de horas individual, instituído pela Reforma, configura-se através de acordo por escrito entre empregado e empregador. Permanece, contudo, a possibilidade do banco de horas ser firmado pelo sindicato através de acordo ou convenção coletiva de trabalho, sendo que a diferença está no prazo de compensação das horas extras. Se firmado individualmente entre empregado e empregador, esse período será de até 6 meses, nos termos dos §§ 2º e 5º do art. 59 da CLT; se com o sindicato, o prazo será de até um ano para compensação, devendo a Súmula n. 85 do TST ser revista nesse ponto.

Para elucidar a questão:

Banco de horas anual	Firmado através de acordo ou convenção coletiva para compensação em até 01 ano.
Banco de horas semestral	Firmado através de acordo individual escrito para compensação em até 06 meses.

O § 3º do art. 59, da CLT, foi adequado apenas para estabelecer que em caso de "rescisão do contrato de trabalho sem que tenha havido a compensação integral da jornada extraordinária, na forma dos §§ 2º e 5º deste artigo, o trabalhador terá direito ao pagamento das horas extras não compensadas, calculadas sobre o valor da remuneração na data da rescisão".

De outra sorte, a Lei da Reforma Trabalhista excetuou da exigência de licença prévia as prorrogações de jornadas nas atividades insalubres da escala 12 x 36 horas, nos termos do parágrafo único do art. 60, da CLT.

9.4.3. Outras hipóteses de realização de horas extras

Existem outras possibilidades de realização de horas extras que não somente mediante acordo de prorrogação, compensação ou banco de horas, nos termos do art. 61, da CLT, a saber:

a) Conclusão de serviços inadiáveis ou cuja inexecução possa causar prejuízos ao empregador: nesta hipótese, os serviços devem ser concluídos na mesma jornada de trabalho, como no caso de trabalho com produtos perecíveis que devem ser colocados em refrigeradores; serviço de transporte onde é impossível o empregado finalizar sua jornada no meio do trajeto (trem, avião, ônibus).

Não é necessário o acordo do empregado para o elastecimento da jornada. A CLT, estabelece limitação diária na prestação desses serviços de até 12 horas, nos termos do § 2º, do art. 61, CLT.

A Reforma trabalhista alterou o § 1º do art. 61, CLT para excluir a necessidade de comunicação à autoridade competente na prestação de horas extras nesta modalidade:

Consolidação das Leis do Trabalho Texto anterior à Reforma Trabalhista	Consolidação das Leis do Trabalho Texto após a Reforma Trabalhista
Art. 61. Ocorrendo necessidade imperiosa, poderá a duração do trabalho exceder do limite legal ou convencionado, seja para fazer face a motivo de força maior, seja para atender à realização ou conclusão de serviços inadiáveis ou cuja inexecução possa acarretar prejuízo manifesto.	**Art. 61** (...)
§ 1º O excesso, nos casos deste artigo, **poderá** ser exigido independentemente de acordo **ou contrato** coletivo e deverá ser comunicado, dentro de 10 (dez) dias, à **autoridade competente em matéria de trabalho, ou, antes desse prazo, justificado no momento da fiscalização sem prejuízo dessa comunicação.**	**§ 1º** O excesso, nos casos deste artigo, **pode** ser exigido independentemente de **convenção coletiva** ou acordo coletivo de trabalho.

b) Força maior: é o acontecimento imprevisível, inevitável para qual o empregador não concorreu, como, por exemplo, incêndio ou inundação.[63]

Havendo um imprevisto nesses termos, o empregador poderá exigir a prestação de horas extras, não sendo necessário o acordo do empregado.

A legislação não estabelece limitação em relação à quantidade de horas prestadas nessa modalidade, sendo possível, por aplicação analógica do § 2º, do art. 61, CLT, que o trabalho diário não exceda 12 horas.

Da mesma forma, com a Reforma, não é mais necessária a comunicação da prestação dos serviços suplementares nessa modalidade à autoridade competente, por força do § 1º do art. 61, CLT.

c) Horas prestadas para recuperação de horas de paralisação: nessa modalidade, as horas extras são prestadas para recuperação das horas paralisação na ocorrência de força maior ou causas acidentais, nos termos do art. 61, § 3º, da CLT.

---

(63) Conceito de força maior: art. 501, CLT: "Entende-se como força maior todo acontecimento inevitável, em relação à vontade do empregador, e para a realização do qual este não concorreu, direta ou indiretamente".

A prestação de labor suplementar, contudo, está limitada até 02 horas por dia, e no máximo 45 dias por ano, e ainda depende de autorização da autoridade competente.

9.5. Horas de trajeto ou horas *in itinere*

Horas de trajeto ou horas *in itinere* são aquelas gastas no percurso da residência do empregado até o local de trabalho e para o seu retorno. Antes da Reforma Trabalhista, para que referidas horas fossem computadas na jornada de trabalho, era necessário que o local fosse de difícil acesso ou não servido por transporte público regular e o empregador fornecesse o transporte, nos termos do art. 58, § 2º e § 3º, da CLT:

Consolidação das Leis do Trabalho Texto anterior à Reforma Trabalhista	Consolidação das Leis do Trabalho Texto após a Reforma Trabalhista
Art. 58. A duração normal do trabalho, para os empregados em qualquer atividade privada, não excederá de 8 (oito) horas diárias, desde que não seja fixado expressamente outro limite.	Art. 58 (...)
§ 1º Não serão descontadas nem computadas como jornada extraordinária as variações de horário no registro de ponto não excedentes de cinco minutos, observado o limite máximo de dez minutos diários.	(...)
§ 2º O tempo despendido pelo empregado até o **local** de trabalho e para o seu retorno, por qualquer meio de transporte, não será computado na jornada de trabalho, **salvo quando, tratando-se de local de difícil acesso ou não** servido por transporte público, o empregador fornecer a **condução**.	§ 2º O tempo despendido pelo empregado **desde a sua residência** até a **efetiva ocupação do posto** de trabalho e para o seu retorno, **caminhando ou** por qualquer meio de transporte, **inclusive o fornecido pelo empregador**, não será computado na jornada de trabalho, **por não ser tempo à disposição do empregador**.
§ 3º Poderão ser fixados, para as microempresas e empresas de pequeno porte, por meio de acordo ou convenção coletiva, em caso de transporte fornecido pelo empregador, em local de difícil acesso ou não servido por transporte público, o tempo médio despendido pelo empregado, bem como a forma e a natureza da remuneração.	§ 3º (Revogado). (NR)

Como se observa, a alteração foi drástica ao retirar o direito do trabalhador ao cômputo das horas de trajeto na jornada de trabalho, "desde a sua residência até a efetiva ocupação do posto de trabalho e para o seu retorno, caminhando ou por qualquer meio de transporte, inclusive o fornecido pelo empregador" e o consequente pagamento das horas extras quando a somatória dessas horas ultrapassasse a jornada normal de trabalho diária (art. 58, § 2º).

Há quem advogue inclusive pela supressão das horas que o empregado gasta entre a portaria e o efetivo posto de trabalho, nos termos da Súmula n. 429, TST[64], a partir da nova expressão "desde a sua residência até a efetiva ocupação do posto de trabalho e para o seu retorno", "por não ser tempo à disposição do empregador".

---

(64) TEMPO À DISPOSIÇÃO DO EMPREGADOR. ART. 4º DA CLT. PERÍODO DE DESLOCAMENTO ENTRE A PORTARIA E O LOCAL DE TRABALHO. Considera-se à disposição do empregador, na forma do art. 4º da CLT, o tempo necessário ao deslocamento do trabalhador entre a portaria da empresa e o local de trabalho, desde que supere o limite de 10 (dez) minutos diários.

As Súmulas ns. 90 e 320 do TST deverão ser revistas, pois regulamentam o direito às horas *in itinere* suprimido pela Reforma Trabalhista:

Súmula n. 90, TST: HORAS *IN ITINERE*. TEMPO DE SERVIÇO.

I – O tempo despendido pelo empregado, em condução fornecida pelo empregador, até o local de trabalho de difícil acesso ou não servido por transporte público regular, e para o seu retorno é computável na jornada de trabalho.

II – A incompatibilidade entre os horários de início e término da jornada do empregado e os do transporte público regular é circunstância que também gera o direito às horas *in itinere*.

III – A mera insuficiência de transporte público não enseja o pagamento de horas *in itinere*.

IV – Se houver transporte público regular em parte do trajeto percorrido em condução da empresa, as horas *in itinere* remuneradas limitam-se ao trecho não alcançado pelo transporte público.

V – Considerando que as horas *in itinere* são computáveis na jornada de trabalho, o tempo que extrapola a jornada legal é considerado como extraordinário e sobre ele deve incidir o adicional respectivo.

Súmula n. 320, TST: HORAS *IN ITINERE*. OBRIGATORIEDADE DE CÔMPUTO NA JORNADA DE TRABALHO.

O fato de o empregador cobrar, parcialmente ou não, importância pelo transporte fornecido, para local de difícil acesso ou não servido por transporte regular, não afasta o direito à percepção das horas *in itinere*.

No entanto, o maior desafio é estabelecer, assim como no caso da alteração das naturezas das verbas trabalhistas (salariais ou indenizatórias), se o empregado com contrato em trabalho em vigência e as mesmas condições de trajeto com o pagamento das horas *in itinere*, após a Reforma, deverá continuar recebendo tal parcela.

As principais reflexões são: a) a Lei da Reforma Trabalhista vale para todos os contratos de trabalho em vigência, de acordo com o art. 2º da Medida Provisória n. 808, o qual estabelece que: "a Lei n. 13.467 se aplica, na integralidade, aos contratos de trabalho vigentes", devendo incidir tal regra inclusive na correta e atual natureza jurídica das verbas remuneratórias empregado; b) Se referida parcela que antes da Reforma era paga for suprimida do salário do trabalhador, haverá evidente redução salarial, o que encontra óbice no princípio constitucional da irredutibilidade salarial do art. 7º, VI, da CF.

Nesse ponto, o Pleno do TST revisitaria a matéria em 6.2.2018, porém a sessão foi adiada até julgamento pelo STF de arguição de inconstitucionalidade de pontos da Reforma Trabalhista.

9.6. Jornada noturna e adicional noturno

A jornada noturna dos empregados urbanos e prevista no art. 73, § 2º, CLT e ocorre entre 22 horas e 05 horas do dia seguinte.

Para essa classe de trabalhadores, a hora noturna equivale a 52 min e 30 segundos e não a 60 minutos, nos termos do art. 73, § 1º, CLT. Assim, numa jornada contratual noturna de 08 horas, apenas 07 horas são efetivamente laboradas.

Em relação ao adicional noturno, os empregados urbanos recebem 20% sobre a hora normal noturna trabalhada, nos termos do art. 73, CLT.

A jornada noturna dos empregados rurais se diferencia em relação à seguinte divisão (art. 7º, Lei n. 5.889/73):

a) Agricultura: a jornada noturna ocorre entre 21 horas e 05 horas do dia seguinte;

b) Pecuária: a jornada noturna ocorre entre 20 horas e 04 horas do dia seguinte.

Para esse tipo de trabalhador, o adicional é de 25%, nos termos do art. 7º, parágrafo único, Lei n. 5.889/73.

Existem ainda outras classes de trabalhadores em que a jornada noturna se difere, como no caso daqueles que trabalham nos portos, sendo das 19hs às 07hs do dia seguinte com adicional 20% e hora de 60 min (OJ SDI-1, TST), e dos advogados, sendo das 20hs às 05hs do dia seguinte com adicional de 25% (art. 20, § 3, L. 8906/94).

A Súmula n. 265, do TST, estabelece que "a transferência para o período diurno de trabalho implica a perda do direito ao adicional noturno", não havendo se falar em direito adquirido ao adicional noturno quando o empregado não estiver mais laborando nessa condição especial.

Em relação às horas extras prestadas após período noturno, serão remuneradas como horas extras noturnas, nos termos da Súmula n. 60, II, do TST.

O adicional noturno, por sua vez, integra o cálculo das horas extras.

O horário noturno é proibido aos empregados menores, nos termos do art. 7º, XXXIII, CF, 404, da CLT e 8º, Lei n. 5.889/73.

9.7. Empregados excluídos das regras de proteção da jornada

O art. 62 da CLT estabelece quem são os empregados excluídos das regras de proteção da jornada reguladas pelo Capítulo II, do Título II, da CLT, ou seja, que não tem limitação da jornada nem direito ao pagamento de horas extras, assim como direito à jornada noturna reduzida e ao adicional noturno, a saber:

a) Empregados que exercem atividades externas INCOMPATÍVEIS com a fixação de horário de trabalho, devendo tal condição ser anotada na CTPS e no registro de empregados como no caso do vendedor externo (art. 62, I, CLT).

Vale ressaltar a expressão incompatível, no sentido de que, não é a mera atividade fora do estabelecimento da empresa que exclui o empregado do regime de proteção da jornada, mas a incompatibilidade de fixação de horário de trabalho. Assim, se o empregado, no início da jornada, comparece todos os dias na empresa e tem a mesma obrigação ao término dela, tem-se que as atividades são compatíveis com a fixação da jornada e o empregado poderá fazer jus as horas suplementares porventura realizadas.

b) Empregados que exercem cargos de confiança: os gerentes, assim considerados os exercentes de cargos de gestão, aos quais se equiparam os diretores e chefes de departamento ou filial (art. 62, II, CLT), bem como os exercentes de cargo de confiança bancária, nos termos do art. 224, § 2º, CLT.

Nessa hipótese, se refere àqueles que efetivamente exercem cargo de confiança, com amplos poderes de gestão e mando, podendo admitir, advertir, demitir empregados, abrir, movimentar e fechar contas bancárias, responder como preposto nas audiências judiciais, atuar em nome da empresa mediante procuração, entre outras. A legislação estabelece que os exercentes de cargo de confiança devem receber salário efetivo acrescido de 40% (quarenta por cento) e os nos casos de confiança bancária o empregado deverá receber salário efetivo mais 1/3 de gratificação de função.

c) Teletrabalho: assim entendido como atividades daqueles que trabalham preponderantemente fora das dependências do empregador, no domicílio ou distintos locais com a utilização de tecnologias de informação e de comunicação que, por sua natureza, não se constituam como trabalho externo, os quais, segundo a legislação, não tem limitação de jornada e não recebem adicionais de horas extras ou noturno (art. 62, III, CLT, inserido pela Reforma Trabalhista).

O sentido da novel regra trabalhista é de que empregados nessas condições podem laborar durante o dia ou a noite, sem possibilidade de fiscalização de horário, porém esse entendimento é controverso, em virtude dos mais variados meios de tecnologia existentes capazes de controlar a jornada do trabalhador que desenvolve suas atividades a distância.

9.8. Horas de Sobreaviso e Prontidão

As horas de sobreaviso estão previstas no art. 244, § 2º, da CLT, e dizem respeito ao empregado que aguarda eventual chamado em sua própria casa, de acordo com as escalas de sobreaviso estabelecidas pelo empregador.

A escala é de no máximo 24 horas e o pagamento ocorre na proporção de 1/3 da hora normal.

Quando o empregado é acionado para trabalhar, ele percebe o valor da hora cheia mais o adicional de horas extras ou noturno, se presentes tais condições.

A Súmula n. 428 do TST traz algumas disposições sobre as horas de sobreaviso:

SOBREAVISO APLICAÇÃO ANALÓGICA DO ART. 244, § 2º, DA CLT.

I – O uso de instrumentos telemáticos ou informatizados fornecidos pela empresa ao empregado, por si só, não caracteriza o regime de sobreaviso.

II – Considera-se em sobreaviso o empregado que, à distância e submetido a controle patronal por instrumentos telemáticos ou informatizados, permanecer em regime de plantão ou equivalente, aguardando a qualquer momento o chamado para o serviço durante o período de descanso."

"Art. 6º Não se distingue entre o trabalho realizado no estabelecimento do empregador, o executado no domicílio do empregado e o realizado a distância, desde que estejam caracterizados os pressupostos da relação de emprego.

Parágrafo único. Os meios telemáticos e informatizados de comando, controle e supervisão se equiparam, para fins de subordinação jurídica, aos meios pessoais e diretos de comando, controle e supervisão do trabalho alheio.

Já o regime de prontidão, previsto no art. 244 da CLT, trata do empregado que fica nas dependências da empresa aguardando ordens.

A escala nesse tipo de jornada é de no máximo 12 horas e o pagamento ocorre na proporção de 2/3 do valor da hora normal de trabalho.

Em ambos os casos, não houve alteração pela Lei da Reforma Trabalhista.

10

Períodos de Descanso

10.1. Intervalos intrajornadas

Intervalos intrajornadas são entendidos como aqueles que ocorrem dentro da jornada de trabalho para descanso e alimentação, nos termos do art. 71 da CLT ou para pausas, os chamados intervalos especiais.

10.1.1. Intervalo para refeição e descanso

A lei obriga a concessão do intervalo para refeição e descanso quando o trabalho contínuo for prestado por mais de 04 até 06 horas, no tempo de 15 minutos (art. 71, § 1º, CLT) e quando o trabalho contínuo for prestado por mais de 06 horas, no tempo de 01 a 02 horas de descanso (art. 71, *caput*, CLT):

Jornada:	Intervalo:
Até 04 horas	Sem intervalo para refeição e descanso
De 04 a 06 horas	15 minutos
Acima de 06 horas	De 01 a 02 horas

Essa regra, contudo, encontra algumas exceções:

a) Elastecimento do intervalo acima de 02 horas: o *caput* do art. 71, estabelece ainda a possibilidade do intervalo ser elastecido por mais de 02 horas, através de negociação coletiva, como ocorre no caso dos motoristas de ônibus que trabalham nos chamados "picos", ou seja, 04 horas no início da manhã e mais 04 horas somente no final da tarde, com intervalos superiores a 02 horas.

b) Redução do intervalo mínimo de 01 hora:

b.1) O parágrafo terceiro do referido dispositivo, possibilita que o limite mínimo de uma hora para repouso ou refeição seja reduzido por "ato do Ministro do Trabalho, Indústria e Comércio, quando ouvido o Serviço de Alimentação de Previdência Social, se verificar que o estabelecimento atende integralmente às exigências concernentes à organização dos refeitórios, e quando os respectivos empregados não estiverem sob regime de trabalho prorrogado a horas suplementares".

b.2) A Lei da Reforma Trabalhista trouxe a possibilidade de redução do intervalo mínimo para 30 minutos nas jornadas superiores a 06 horas, porém somente através de acordo ou convenção coletiva de trabalho, nos termos do art. 611-A, da CLT, sendo vedada a redução por acordo individual entre empregado e empregador:

> **Art. 611-A.** A convenção coletiva e o acordo coletivo de trabalho, observados os incisos III e VI do *caput* do art. 8° da Constituição, têm prevalência sobre a lei quando, entre outros, dispuserem sobre:
>
> (...)
>
> III – intervalo intrajornada, respeitado o limite mínimo de trinta minutos para jornadas superiores a seis horas;

No entanto, há o entendimento de que esse regramento está em evidente contradição ao art. 7º, XXII, da CF/1988, sendo direito dos trabalhadores urbanos e rurais a "redução dos riscos inerentes ao trabalho, por meio de normas de saúde, higiene e segurança". O item II da Súmula n. 437, TST estabelece que:

> Súmula n. 437, TST. INTERVALO INTRAJORNADA PARA REPOUSO E ALIMENTAÇÃO. APLICAÇÃO DO ART. 71 DA CLT.
>
> (...)
>
> II – É inválida cláusula de acordo ou convenção coletiva de trabalho contemplando a supressão ou redução do intervalo intrajornada porque este constitui medida de higiene, saúde e segurança do trabalho, garantido por norma de ordem pública (art. 71 da CLT e art. 7º, XXII, da CF/1988), infenso à negociação coletiva.

c) O intervalo para refeição e descanso poderá ser reduzido e/ou fracionado para os motoristas, cobradores, fiscalização de campo e afins nos serviços de operação de veículos rodoviários, empregados no setor de transporte coletivo de passageiros, nos termos do § 5º do art. 71, CLT. Para tanto, deverão ser compreendidos entre o término da primeira hora trabalhada e o início da última hora trabalhada, desde que previsto em convenção ou acordo coletivo de trabalho.

Os intervalos não são computados na jornada de trabalho, nos termos do art. 71, § 2º, da CLT. Assim, se o empregado trabalha 08 horas diárias com 01 hora de intervalo, deverá permanecer 09 horas diárias na empresa. No caso de redução do intervalo para 30 minutos, o empregado continuará laborando as 08 horas diárias, porém, permanecerá na empresa, apenas 08 horas e 30 minutos diários, possibilitando o regresso mais cedo para sua residência.

10.1.2. Intervalos especiais

O ordenamento jurídico trabalhista prevê intervalos especiais durante a jornada de trabalho, quer em razão das atividades desenvolvidas, quer por mera liberalidade do empregador. Em regra, eles existem diante das condições especiais de trabalho a que certos empregados são submetidos no desempenho de suas tarefas.

O tempo em que são concedidos também varia conforme estudos realizados. A remuneração do intervalo é sempre devida. A única exceção ocorria com o intervalo de 15 minutos a que a empregada (mulher) era submetida antes do início da jornada extraordinária, porém a disposição nesse sentido contida no art. 384 da CLT foi revogada com a Lei n. 13.467/2017.

Curioso é que o parágrafo único do art. 413, da CLT, que estende referido intervalo aos menores não foi alterado ou revogado, mantendo incólume no sentido de que:

> Art. 413 – É vedado prorrogar a duração normal diária do trabalho do menor, salvo:
>
> (...)
>
> Parágrafo único. Aplica-se à prorrogação do trabalho do menor o disposto no art. 375, no parágrafo único do art. 376, no art. 378 e no art. 384 desta Consolidação.

Segue abaixo quadro com os principais intervalos especiais:

Intervalos Especiais	Remunerado x Não Remunerado	Legislação
10 minutos a cada 90 minutos trabalhados em serviços permanentes de mecanografia, datilografia, escrituração ou cálculo e na atividade de digitador	Remunerado	Art. 72, CLT e Súmula n. 346, TST
20 minutos a cada 03 horas de esforço contínuo para empregados sujeitos a horários variáveis (jornada de 07 horas), nos serviços de telefonia, telegrafia submarina e subfluvial, radiotelegrafia e radiotelefonia.	Remunerado	Art. 229, da CLT
15 minutos a cada 03 horas consecutivas de labor, em trabalho em minas de subsolo	Remunerado	Art. 298, da CLT
15 minutos para menor, após jornada normal, antes do início da sobrejornada	Não remunerado	Art. 413, parágrafo único, da CLT
20 minutos a cada 100 minutos de trabalho contínuo (1,40 horas), para trabalho no interior de câmaras frigoríficas ou em movimento de mercadorias do ambiente quente ou normal para o frio e vice-versa	Remunerado	Art. 253, da CLT
Intervalos espontaneamente concedidos pelo empregador, não previstos em lei	Remunerado	Art. 4º, da CLT e Súmula n. 118, do TST
01 Pausa de 10 minutos para operador de *telemarketing* que trabalha em jornada de 04 horas*	Remunerado	NR-17, do MTE.
02 Pausas de 10 minutos para operador de *telemarketing* que trabalha em jornada de 06 horas*	Remunerado	NR-17, do MTE.

* As pausas do operador de *telemarketing* devem ser concedidas após a 1ª hora de trabalho e antes dos últimos 60 minutos do término da jornada

10.2. Intervalos interjornadas

É o intervalo concedido entre duas jornadas de trabalho, ou seja, término de uma e início de outra, assim entendido como o tempo mínimo entre as jornadas de trabalho.

Esse intervalo é de 11 horas consecutivas, a teor do art. 66, da CLT.

10.3. Remuneração do intervalo não concedido

A grande novidade trazida pela Reforma, contudo, diz respeito à forma e natureza do pagamento da não concessão ou a concessão parcial do intervalo intrajornada mínimo para repouso e alimentação, alterando significativamente o § 4º do art. 71, da CLT:

Consolidação das Leis do Trabalho Texto anterior à Reforma Trabalhista	Consolidação das Leis do Trabalho Texto após a Reforma Trabalhista
Art. 71. Em qualquer trabalho contínuo, cuja duração exceda de 6 (seis) horas, é obrigatória a concessão de um intervalo para repouso ou alimentação, o qual será, no mínimo, de 1 (uma) hora e, salvo acordo escrito ou contrato coletivo em contrário, não poderá exceder de 2 (duas) horas.	**Art. 71** (...)

Consolidação das Leis do Trabalho Texto anterior à Reforma Trabalhista	Consolidação das Leis do Trabalho Texto após a Reforma Trabalhista
§ 1º Não excedendo de 6 (seis) horas o trabalho, será, entretanto, obrigatório um intervalo de 15 (quinze) minutos quando a duração ultrapassar 4 (quatro) horas.	(...)
§ 4º Quando o intervalo para repouso e alimentação **previsto neste artigo, não for concedido pelo empregador, este ficará obrigado a remunerar o** período **correspondente** com um acréscimo de **no mínimo** 50% (cinquenta por cento) sobre o valor da remuneração da hora normal de trabalho.	§ 4º A não concessão ou a concessão parcial do intervalo **intrajornada mínimo**, para repouso e alimentação, **a empregados urbanos e rurais, implica o pagamento, de natureza indenizatória, apenas do** período **suprimido**, com acréscimo de 50% (cinquenta por cento) sobre o valor da remuneração da hora normal de trabalho.

Antes da alteração, a inobservância do intervalo para refeição e descanso pelo empregador, ainda que parcial, gerava o pagamento da hora integral correspondente ao intervalo, como no caso do empregado laborar somente 10 minutos do seu intervalo e o empregador ser condenado a pagar 01 hora extra ("hora cheia") pela violação parcial do mesmo. Na disposição antiga, referida hora violada e contraprestada pelo empregador tinha natureza salarial, refletido em todas as demais verbas contratuais, a teor dos itens I e III da Súmula n. 437 do TST. Com a nova redação, o pagamento passa a ser somente do tempo violado do intervalo e a ter natureza indenizatória, não integrando as demais verbas contratuais.

> Súmula n. 437, TST. INTERVALO INTRAJORNADA PARA REPOUSO E ALIMENTAÇÃO. APLICAÇÃO DO ART. 71 DA CLT.
>
> I – Após a edição da Lei n. 8.923/94, a não concessão ou a concessão parcial do intervalo intrajornada mínimo, para repouso e alimentação, a empregados urbanos e rurais, implica o pagamento total do período correspondente, e não apenas daquele suprimido, com acréscimo de, no mínimo, 50% sobre o valor da remuneração da hora normal de trabalho (art. 71 da CLT), sem prejuízo do cômputo da efetiva jornada de labor para efeito de remuneração.
>
> (...)
>
> III – Possui natureza salarial a parcela prevista no art. 71, § 4º, da CLT, com redação introduzida pela Lei n. 8.923, de 27 de julho de 1994, quando não concedido ou reduzido pelo empregador o intervalo mínimo intrajornada para repouso e alimentação, repercutindo, assim, no cálculo de outras parcelas salariais.
>
> (...)"

A OJ n. 355 DA SDI-1, do TST, estabelece o pagamento integral das horas subtraídas do intervalo interjornadas, sendo que, seguindo o mesmo entendimento do § 4º do art. 71 da CTL, alterado pela Reforma, deverá ser revista pelo TST:

> OJ N. 355, SDI-1, TST. INTERVALO INTERJORNADAS. INOBSERVÂNCIA. HORAS EXTRAS. PERÍODO PAGO COMO SOBREJORNADA. ART. 66 DA CLT. APLICAÇÃO ANALÓGICA DO § 4º DO ART. 71 DA CLT. O desrespeito ao intervalo mínimo interjornadas previsto no art. 66 da CLT acarreta, por analogia, os mesmos efeitos previstos no § 4º do art. 71 da CLT e na Súmula n. 110 do TST, devendo-se pagar a integralidade das horas que foram subtraídas do intervalo, acrescidas do respectivo adicional.
>
> Súmula n. 110, TST. JORNADA DE TRABALHO. INTERVALO. No regime de revezamento, as horas trabalhadas em seguida ao repouso semanal de 24 horas, com prejuízo do intervalo mínimo de 11 horas consecutivas para descanso entre jornadas, devem ser remuneradas como extraordinárias, inclusive com o respectivo adicional.

10.4. Descanso ou repouso semanal remunerado

O descanso semanal remunerado, também chamado de repouso semanal ou repouso hebdomadário, é aquele em que o empregado descansa 24 horas dentro de cada semana laborada.

Está previsto no art. 7º, XV, CF/88, e Lei n. 605/1949. Os arts. 67 a 70 da CLT sobre descanso semanal são inaplicáveis no que for incompatível com a CF/88, por se tratar esta de lei superior, além da Lei n. 605/1949 ser lei especial posterior à CLT de 1943, sendo que esta, mesmo com a Reforma em 2017, manteve intacto os citados dispositivos.

10.4.1. Princípios

O descanso semanal remunerado possui como princípios:[65]

a) Semanalidade: significa dizer que a cada 06 dias segue-se o direito ao descanso semanal de 24 horas.

b) Dominicalidade: o descanso semanal remunerado é preferencialmente no domingo, mas não obrigatoriamente (art. 7º, XV, CF). Porém, há setores de atividade produtiva que estão autorizados a abrir nos domingos em razão das exigências técnicas da empresa (art. 8º, Lei n. 605/49 e art. 6º, Decreto n. 27.048/49).

c) Inconversibilidade: não é lícito converter em pagamento o direito ao descanso semanal. É possível em relação aos feriados civis e religiosos, mediante pagamento em dobro, nos termos do art. 9º, Lei n. 605/49.

d) Remunerabilidade: a remuneração do descanso é integral acrescidas dos reflexos das horas extras laboradas durante a semana, se houver.

10.4.2. Repercussões jurídicas sobre o descanso semanal remunerado

O descanso semanal remunerado deve ser interpretado à luz da Constituição Federal (art. 7º, XV), Lei especial (605/49) e demais normas do ordenamento jurídico. No entanto, algumas repercussões jurídicas acerca do tema merecem destaque:[66]

• Os adicionais habituais se repetem em relação do descanso semanal remunerado.

• O descanso semanal remunerado é devido quando houver frequência integral do empregado durante a semana, nos termos do art. 6º, Lei n. 605/49. O empregado perde o direito ao DSR em casos de atrasos e faltas injustificadas durante a semana.

• Ainda que exista o pagamento do DSR, deve haver o descanso. Apenas em relação aos feriados, o descanso é dispensado se houver o pagamento, nos termos do art. 9º, Lei n. 605/49.

• O pagamento do descanso semanal trabalhado deve ser em dobro, nos termos da Súmula n. 146 do TST. Há, portanto, decisões judiciais assegurando o triplo.

• Os comissionistas puros têm direito ao DSR, nos termos da Súmula n. 27 do TST.

---

(65) NASCIMENTO, Amauri Mascaro. *Iniciação ao direito do trabalho*. 38. ed. São Paulo: LTr, 2013. p. 324-325.
(66) NASCIMENTO, Amauri Mascaro. *Iniciação ao direito do trabalho*. 38. ed. São Paulo: LTr, 2013. p. 326-327.

• A Lei n. 11.603/2007 autoriza o trabalho aos domingos dos comerciários, observada a legislação municipal. Para essa categoria, o descanso semanal remunerado deve coincidir 01 vez a cada 03 semanas com o domingo.

10.5. Férias Anuais

O "direito às férias integra o conjunto de garantias conferidas ao empregado", visando seu descanso e lazer, ao lado do sistema de direitos de limitação de jornada, direito aos intervalos intra e interjornadas, descanso semanal remunerado, dentre outros. [67]

10.5.1. Definição

Férias se definem como "o lapso temporal remunerado, de frequência anual, constituído de diversos dias sequenciais, em que o empregado pode sustar a prestação de serviços e sua disponibilidade perante o empregador, com o objetivo de recuperação e implementação de suas energias e de sua inserção familiar, comunitária e política".[68]

A previsão legal está inserta nos arts. 129 a 153 da CLT. A Reforma Trabalhista não alterou substancialmente o instituto das férias, apenas no que se refere ao fracionamento das férias individuais, assim como do fracionamento das férias dos menores de 18 anos e maiores de 50 anos de idade e da quantidade de dias das férias do empregado que possui jornada a tempo parcial, conforme será estudado nos próximos tópicos.

10.5.2. Princípios

O instituto das férias merece análise dos seguintes princípios:[69]

a) Anualidade: o empregado terá direito a férias anuais, após doze meses de trabalho para o mesmo empregador, previsto um prazo subsequente para o gozo das férias.

b) Remunerabilidade: durante as férias é assegurado o direito à remuneração integral com, pelo menos, um terço a mais do que o salário normal, como se o mês de férias fosse de serviço, conforme arts. 7º, XVII, CF/88 e 129, da CLT.

c) Continuidade: o fracionamento da duração das férias sofre limitações, para preservar a concentração contínua do maior número de dias de descanso. Esse princípio, contudo, foi relativizado com a Reforma Trabalhista que permite o fracionamento das férias em até 03 períodos conforme será estudado no item fracionamento.

d) Irrenunciabilidade: o empregado não pode abonar (vender) as férias, apenas converter parte delas em dinheiro, por meio de abono de férias.

e) Proporcionalidade: esse princípio se desdobra em duas vertentes;

e.1) Há redução na duração das férias em função das ausências justificadas durante o período aquisitivo;

e.2) É devido ao empregado o pagamento relativo às férias proporcionais mais um terço quando de sua rescisão.

---

(67) *Ibidem*, p. 328.
(68) DELGADO, Mauricio Godinho. *Curso de direito do trabalho*. 15. ed. São Paulo: LTr, 2016. p. 1080.
(69) NASCIMENTO, Amauri Mascaro. *Iniciação ao direito do trabalho*. 38. ed. São Paulo: LTr, 2013. p. 329.

10.5.3. Período aquisitivo

O empregado adquire o direito de ter férias após trabalhar 12 meses na mesma empresa, conforme dispõe o art. 130 CLT, sendo chamado esse tempo de período aquisitivo: "Após cada período de 12 (doze) meses de vigência do contrato de trabalho, o empregado terá direito a férias, na seguinte proporção: (...)"

Os incisos do art. 130 da CLT tratam da duração das férias que será estudada em item apartado.

10.5.4. Perda do direito

Significa que se o empregado ficar afastado durante determinado período ele perde o direito às férias, nos termos do art. 133 da CLT.

Quando o empregado perde o direito às férias, inicia-se nova contagem do período aquisitivo, consoante art. 133, § 2º, da CLT.

Não são consideradas faltas ao serviço para efeito do cômputo do período aquisitivo aquelas previstas nos arts. 131 e 473 da CLT, abaixo elencadas, devendo prevalecer, contudo, norma coletiva mais benéfica ao trabalhador:

- Durante o licenciamento compulsório da empregada por motivo de maternidade ou aborto, observados os requisitos para percepção do salário-maternidade custeado pela Previdência Social;

- Por motivo de acidente do trabalho ou enfermidade atestada pelo Instituto Nacional do Seguro Social — INSS, excetuada a hipótese do inciso IV do art. 133;

- Justificada pela empresa, entendendo-se como tal a que não tiver determinado o desconto do correspondente salário;

- Durante a suspensão preventiva para responder a inquérito administrativo ou de prisão preventiva, quando for impronunciado ou absolvido;

- Nos dias em que não tenha havido serviço, salvo na hipótese do inciso III do art. 133.

- Até 2 (dois) dias consecutivos, em caso de falecimento do cônjuge, ascendente, descendente, irmão ou pessoa que, declarada em sua carteira de trabalho e previdência social, viva sob sua dependência econômica;

- Até 3 (três) dias consecutivos, em virtude de casamento;

- Por um dia, em caso de nascimento de filho no decorrer da primeira semana (licença paternidade estendida para cinco dias, conforme art. 7º, XIX e art. 10, § 1º, do Ato das Disposições Constitucionais Transitórias — ADCT);

- Por um dia, em cada 12 (doze) meses de trabalho, em caso de doação voluntária de sangue devidamente comprovada;

- Até 2 (dois) dias consecutivos ou não, para o fim de se alistar eleitor, nos termos da lei respectiva.

- No período de tempo em que tiver de cumprir as exigências do Serviço Militar referidas na letra "c" do art. 65 da Lei n. 4.375, de 17 de agosto de 1964 (Lei do Serviço Militar).

- Nos dias em que estiver comprovadamente realizando provas de exame vestibular para ingresso em estabelecimento de ensino superior.

- Pelo tempo que se fizer necessário, quando tiver que comparecer a juízo.

- Pelo tempo que se fizer necessário, quando, na qualidade de representante de entidade sindical, estiver participando de reunião oficial de organismo internacional do qual o Brasil seja membro.

- Até 2 (dois) dias para acompanhar consultas médicas e exames complementares durante o período de gravidez de sua esposa ou companheira;

- Por 1 (um) dia por ano para acompanhar filho de até 6 (seis) anos em consulta médica.

10.5.5. Duração

A duração das férias depende da assiduidade do empregado, sofrendo diminuição na proporção das faltas injustificadas ou na proporção das horas trabalhadas, nos termos do art. 130, da CLT, e conforme quadro abaixo:

Quantidade de faltas injustificadas no ano	Dias de férias
Até 05	30
De 6 a 14	24
De 15 a 23	18
De 24 a 32	12
Mais de 32	0

Acima de 32 faltas injustificadas durante o período aquisitivo, o empregado perde o direito às férias.

10.5.6. Período concessivo

É o prazo que a lei concede ao empregador para o empregado sair de férias, que se refere a 12 meses subsequentes ao período aquisitivo, nos termos do art. 134, da CLT.

Em caso de descumprimento, a penalidade é o pagamento em dobro, além da concessão das férias, conforme preceitua o art. 137, da CLT.

10.5.6.1. Fracionamento

A principal e única alteração em relação às férias, trazida pela Reforma Trabalhista, diz respeito ao fato de que antes da alteração, as férias eram concedidas de uma só vez, exceto em casos excepcionais, em que era permitido o fracionamento em até dois períodos (art. 134, § 1º, CLT), sendo que atualmente é possível o fracionamento em até 03 períodos, em que um deles não pode ser inferior a 14 dias e os outros dois não podem ser inferiores a 05 dias corridos cada um.

A legislação antiga também não permitia o fracionamento das férias aos menores de 18 e maiores de 60 anos, tendo a Reforma revogado essa disposição (art. 134, § 2º, da CLT):

Consolidação das Leis do Trabalho Texto anterior à Reforma Trabalhista	Consolidação das Leis do Trabalho Texto após a Reforma Trabalhista
Art. 134. As férias serão concedidas por ato do empregador, em um só período, nos 12 (doze) meses subsequentes à data em que o empregado tiver adquirido o direito.	Art. 134 (...)
§ 1º Somente em casos excepcionais serão as férias concedidas em 2 (dois) períodos, um dos quais não poderá ser inferior a 10 (dez) dias corridos.	§ 1º Desde que haja concordância do empregado, as férias poderão ser usufruídas em até três períodos, sendo que um deles não poderá ser inferior a quatorze dias corridos e os demais não poderão ser inferiores a cinco dias corridos, cada um.
§ 2º Aos menores de 18 (dezoito) anos e aos maiores de 50 (cinquenta) anos de idade, as férias serão sempre concedidas de uma só vez.	§ 2º (Revogado).
	§ 3º É vedado o início das férias no período de dois dias que antecede feriado ou dia de repouso semanal remunerado. (NR)

O novel § 3º do art. 134 da CLT trata do fato de que as férias não podem ter início no período de dois dias que antecede feriado ou dia de repouso semanal remunerado. Se o empregado usufrui do seu descanso semanal no domingo, poderá iniciar suas férias até, no máximo, quinta-feira da semana anterior e não na sexta ou no sábado. Assim, se gozar de um período mínimo de 05 dias de férias, sairá na quinta-feira e retornará ao serviço na terça-feira da semana subsequente. A jurisprudência do TST já havia se firmado a respeito da matéria, de forma um pouco parecida, por meio do Precedente Normativo n. 100.

Ressalta-se o fato de que o empregado deve concordar com o fracionamento das férias em até 03 períodos, nos termos do § 1º do art. 134 da CLT. Por esse motivo, não existem maiores discussões, ao menos num primeiro momento, acerca do fato do empregado fracionar suas férias em 03 períodos mesmo tendo adquirido o direito a elas na égide da lei antiga, já que referida fração necessita de sua concordância. Em caso de irregularidade, deverá o empregado fazer prova de que foi coagido ou pressionado a aceitar referida situação estando o ato eivado do vício de consentimento do negócio jurídico (art. 104, CC).

O parágrafo único do art. 136, da CLT, que impedia o fracionamento das férias aos menores de 18 anos e aos maiores de 50 anos de idade, foi revogado.

10.5.6.2. Direito de coincidência

Duas classes de trabalhadores possuem direito de coincidência no que tange ao gozo das férias:

a) Estudantes menores de 18 anos tem direito de coincidência com as férias escolares, nos termos do art. 136, § 2º, da CLT;

b) Membros da mesma família têm direito de coincidir as férias para usufruírem no mesmo período, desde que não resulte prejuízo ao empregador, nos termos do art. 136, § 1º, CLT.

10.5.6.3. Designação

A designação das férias ocorre na época que melhor consulte aos interesses do empregador, nos termos do art. 136, *caput*, da CLT, e nesse particular a Reforma Trabalhista não alterou o dispositivo.

A possibilidade de fracionamento das férias em até 03 períodos, mediante concordância do empregado, não se relaciona com o direito de escolha do período em que ele irá usufruí-las, uma vez que à época é de escolha do empregador.

10.5.6.4. Comunicação

A comunicação das férias ao empregado deverá ser realizada por escrito e com antecedência mínima de 30 dias, nos termos do art. 135, da CLT: "A concessão das férias será participada, por escrito, ao empregado, com antecedência de, no mínimo, 30 (trinta) dias. Dessa participação o interessado dará recibo".

Atenção se deve ter apenas em relação à comunicação das férias no final do período concessivo, uma vez que se ultrapassado esse período, o empregador será condenado no pagamento em dobro da remuneração das férias, nos termos do art. 137, da CLT: "Sempre que as férias forem concedidas após o prazo de que trata o art. 134, o empregador pagará em dobro a respectiva remuneração".

10.5.7. Remuneração

A remuneração das férias é acrescida de 1/3, conforme preceitua o art. 7º, XVII, da CF.

O pagamento deve ocorrer em até 02 dias antes do início do período (art. 145, CLT), sob pena de pagamento em dobro, nos termos da Súmula n. 450, do TST:

> FÉRIAS. GOZO NA ÉPOCA PRÓPRIA. PAGAMENTO FORA DO PRAZO. DOBRA DEVIDA. ARTS. 137 E 145 DA CLT.
>
> É devido o pagamento em dobro da remuneração de férias, incluído o terço constitucional, com base no art. 137 da CLT, quando, ainda que gozadas na época própria, o empregador tenha descumprido o prazo previsto no art. 145 do mesmo diploma legal.

Assim, tanto no caso de pagamento equivocado como na hipótese de pagamento fora dos 02 dias que antecedem o início das férias, deverá o empregador pagar o dobro do valor das férias, inclusive com o terço constitucional.

10.5.8. Abono de férias

Abono de férias significa o pagamento em dinheiro em troca do gozo de férias, nos termos do art. 143, *caput*, da CLT: "É facultado ao empregado converter 1/3 (um terço) do período de férias a que tiver direito em abono pecuniário, no valor da remuneração que lhe seria devida nos dias correspondentes".

O abono, comumente chamado de venda das férias, pode ocorrer em até 1/3 do período a que o empregado tiver direito ao gozo do referido descanso. Isso porque, se o empregado tiver direito, por exemplo, a apenas 24 dias de férias por ter faltado 10 vezes injustificadamente durante o período aquisitivo, poderá vender apenas 08 dias. Por esse motivo, é incorreto dizer que o empregado pode vender até 10 dias de férias, devendo ser observada a tabela do art. 130, da CLT.

O empregado que deseja abonar parte de suas férias deve realizar o requerimento até 15 dias antes do término do período aquisitivo, nos termos do art. 143, § 1º da CLT, o que, na prática, nem sempre acontece.

No caso de férias coletivas, o abono depende de acordo coletivo, independentemente de requerimento individual do empregado, nos termos do art. 143, § 2º da CLT.

Outra novidade trazida pela Reforma Trabalhista é que o empregado em jornada a tempo parcial passa a ter direito às férias integrais de 30 dias, podendo converter parte do período em abono, como os demais empregados, ou seja, até 1/3 do respectivo período de férias, diante da revogação do art. 130-A, CLT e § 3º do art. 143, da CLT.

10.5.9. Extinção do contrato

Quando o contrato de trabalho é extinto, seja a que título for, deve ser observado o período laborado pelo empregado e se este possui direito às férias vencidas e/ou proporcionais.

Havendo o direito, o pagamento correspondente dever ser realizado no Termo de Rescisão do Contrato de Trabalho.

Em relação às férias vencidas, vale dizer que deve ser observado se elas são devidas na modalidade simples ou em dobro.

10.5.9.1 Férias vencidas

Férias vencidas significam que o empregado laborou durante, no mínimo, doze meses para o empregador e ainda não usufruiu do período de descanso das férias.

Elas podem ocorrer na modalidade "simples", quando não decorrido o período concessivo, ou seja, quando ocorre a extinção do contrato de trabalho durante o período em que deveria usufruir das férias ou na modalidade "em dobro" quando decorrido o período concessivo, nos termos dos arts. 137 e 146, da CLT:

> Art. 137 – Sempre que as férias forem concedidas após o prazo de que trata o art. 134, o empregador pagará em dobro a respectiva remuneração.
>
> Art. 146 – Na cessação do contrato de trabalho, qualquer que seja a sua causa, será devida ao empregado a remuneração simples ou em dobro, conforme o caso, correspondente ao período de férias cujo direito tenha adquirido.

Vale dizer que as férias vencidas são devidas em qualquer modalidade de rescisão e remuneração deve ser a da época da rescisão, nos termos da Súmula n. 7, do TST.

10.5.9.2. Férias proporcionais

As férias proporcionais estão previstas nos arts. 146, parágrafo único, e 147, da CLT, e se referem ao direito que o empregado tem de recebê-las quando o período aquisitivo não for completado:

> Art. 146
>
> (...)
>
> Parágrafo único – Na cessação do contrato de trabalho, após 12 (doze) meses de serviço, o empregado, desde que não haja sido demitido por justa causa, terá direito à remuneração relativa ao período incompleto de férias, de acordo com o art. 130, na proporção de 1/12 (um doze avos) por mês de serviço ou fração superior a 14 (quatorze) dias.

Para o cálculo, considerar-se-á a quantidade de meses e dias em que o empregado laborou para o empregador. A cada mês laborado, computa-se 1/12 avos por mês. Se existir fração, ou seja, quando o mês não for integral, calcula-se da seguintes forma: se a fração for igual ou superior a 15 dias, computa-se o mês integral, caso contrário, despreza-se.

De acordo com o art. 147, da CLT, as férias são devidas por lei, somente nas demissões sem justa causa:

> Art. 147 – O empregado que for despedido sem justa causa, ou cujo contrato de trabalho se extinguir em prazo predeterminado, antes de completar 12 (doze) meses de serviço, terá direito à remuneração relativa ao período incompleto de férias, de conformidade com o disposto no artigo anterior.

A Súmula n. 261, do TST, confere o direito às férias quando do pedido de demissão:

> FÉRIAS PROPORCIONAIS. PEDIDO DE DEMISSÃO. CONTRATO VIGENTE HÁ MENOS DE UM ANO
>
> O empregado que se demite antes de complementar 12 (doze) meses de serviço tem direito a férias proporcionais.

A Convenção n. 132 da OIT, ratificada pelo Brasil através do Decreto n. 3.197 promulgado em 5 de outubro de 1999, confere o direito às férias proporcionais para qualquer modalidade de rescisão, por entender se tratar de direito adquirido, nos termos de seu item 4.1.

10.5.10. Férias Coletivas

As férias coletivas são devidas a todos os empregados da empresa ou de determinados estabelecimentos ou setores da empresa, consoante art. 139, *caput*, CLT.

Em relação ao fracionamento, permite-se em até 02 períodos anuais, desde que nenhum deles seja inferior a 10 dias, nos termos do art. 139, § 1º, da CLT. Vale ressaltar que a Reforma Trabalhista não alterou o fracionamento das férias coletivas, mas somente das férias individuais.

Para que as férias coletivas sejam concedidas no âmbito da empresa, é necessária a comunicação ao órgão local do Ministério do Trabalho, com antecedência mínima de 15 dias.

Os empregados que não completaram o período aquisitivo, gozam de férias proporcionais, iniciando-se novo período aquisitivo, nos termos do art. 140, da CLT.

11

Alteração do Contrato de Trabalho

11.1. Definição

O contrato de trabalho é formado a partir do livre consentimento das partes. Nele, são estabelecidas diversas condições de trabalho, tais como função, salário, horário, benefícios, entre outras. Estas estipulações são firmadas com base nas normas justrabalhistas, imperativas, de observância obrigatória.

Ao longo do pacto laboral, tais condições podem ser alteradas, quer em função da alteração da estrutura jurídica do empregador, quer em relação às cláusulas do próprio contrato como no caso da transferência do empregado para desenvolver suas atividades em outra localidade.

As alterações do contrato de trabalho são as mais polêmicas dentre os temas do Direito do Trabalho, correspondentes aos mais diversos litígios, tanto na seara administrativa quanto na esfera judicial trabalhista, dado a importância do estudo do tema, máxime no que tange ao atual momento de profundas alterações na legislação trabalhista, as quais refletem nos contratos individuais de trabalho em vigência.

11.2. Requisitos para alteração contratual

As alterações do contrato de trabalho, assim entendidas aquelas que modificam tanto a estrutura jurídica da empresa como as cláusulas do contrato em si, de único empregado ou da coletividade de trabalhadores, possuem certos requisitos para validação.

Podem ser classificadas principalmente em alterações subjetivas e objetivas. As alterações subjetivas dizem respeito à modificação na estrutura jurídica da empresa, de acordo com os arts. 10 e 448, *caput*, da CLT, inalterados pela Reforma Trabalhista:

> Art. 10 – Qualquer alteração na estrutura jurídica da empresa não afetará os direitos adquiridos por seus empregados.
>
> Art. 448 – A mudança na propriedade ou na estrutura jurídica da empresa não afetará os contratos de trabalho dos respectivos empregados.

Os artigos sobre o tema revelam que, apesar da alteração da personalidade jurídica do empregador, quer em relação ao nome, sócios, Cadastro Nacional de Pessoa Jurídica — CNPJ etc., não haverá, em princípio, modificação nos contratos de trabalho, estando estes assegurados, inclusive, no que diz respeito aos direitos já consumados.

Em relação às obrigações do sócio retirante e sucessão de empregadores, remete-se o leitor ao item "Sucessão empresarial" do Capítulo sobre "Sujeitos da relação de emprego" da presente obra.

As alterações objetivas dizem respeito às modificações contratuais, ou seja, ao conteúdo do contrato de trabalho, tais como função, horário, local, salário etc.

Para que as alterações contratuais ocorram sem qualquer violação às normas imperativas trabalhistas, é necessária a presença dos requisitos dos arts. 444 e 468, CLT:

> Art. 444 – As relações contratuais de trabalho podem ser objeto de livre estipulação das partes interessadas em tudo quanto não contravenha às disposições de proteção ao trabalho, aos contratos coletivos que lhes sejam aplicáveis e às decisões das autoridades competentes.

Referido dispositivo estabelece que é lícita a alteração do contrato de trabalho pelas partes desde que não haja violação às disposições de proteção ao trabalho, aos acordos e convenções coletivas de trabalho e as sentenças normativas. Quanto às disposições de proteção ao trabalho, incluem-se as normas internacionais (tratados internacionais e convenções da OIT), Constituição Federal, legislações ordinárias e especiais.

A Reforma trabalhista inseriu o parágrafo único do art. 444, da CLT, para estabelecer que empregado portador de diploma de nível superior e que recebe salário mensal igual ou superior a duas vezes o teto da Previdência Social, cujo valor, em 2018, corresponde ao total de R$ 11.291,60,[70] pode negociar as condições de trabalho livremente com seu empregador, acima da legislação trabalhista, assim entendido como a mesma eficácia da negociação coletiva, nos termos do art. 611-A, *caput*, também inserido pela Reforma:

> **Art. 444** (...)
> **Parágrafo único. A livre estipulação a que se refere o *caput* deste artigo** aplica-se às hipóteses previstas no art. 611-A desta Consolidação, **com a mesma eficácia legal e preponderância sobre os instrumentos coletivos**, no caso de **empregado portador de diploma de nível superior e que perceba salário mensal igual ou superior a duas vezes o limite máximo dos benefícios do Regime Geral de Previdência Social.**

> **Art. 611-A.** A convenção coletiva e o acordo coletivo de trabalho, observados os incisos III e VI do *caput* do art. 8º da Constituição, **têm prevalência sobre a lei quando**, entre outros, dispuserem sobre:
> (...)

Antes mesmo da entrada em vigência da Reforma, havia a especulação de que a nova legislação permitiria a livre estipulação de toda e qualquer situação entre as partes, sob o *slogan* de que "acordos entre empregados e empregadores passam a ter força de lei". No entanto, como dito, esse entendimento não passou de mera especulação, assim como de falta de conhecimento da nova norma jurídica trabalhista, vez que o parágrafo único é taxativo ao dispor que a livre estipulação só é válida, numa primeira análise, entre empregado e empregador quando aquele possuir diploma de nível superior e receber, ao menos, R$ 11.291,60 de salário mensal.

Se a Reforma andou bem em estabelecer estes critérios, somente a prática irá dizer, já que, aqueles que recebem 20 mil reais por mês e não possuem nível superior ou os que recebem 10 mil, mas são formados em alguma faculdade não poderão negociar diretamente com seu patrão.

Essa redação gerou polêmica e interpretação no sentido de que está contrária aos princípios do Direito do Trabalho como o da proteção, da imperatividade das normas

---

(70) Valor limite máximo dos benefícios do Regime Geral de Previdência Social em 2018: R$ 5.645,80.

trabalhistas, da irrenunciabilidade de direitos, e da inalterabilidade contratual lesiva. No Capítulo sobre princípios da presente obra, já foi citado o fato de que a novel trabalhista relativizou o princípio da proteção do trabalhador que trata do empregado como hipossuficiente da relação laboral, criando nova figura do hipersuficiente como o que possui condições de pactuar livremente e diretamente com seu patrão, acima da lei.

No entanto, prevalece o entendimento de que referida norma deve ser interpretada em consonância ao art. 468, *caput*, da CLT, irretocável com a Reforma:

> Art. 468 – Nos contratos individuais de trabalho só é lícita a alteração das respectivas condições por mútuo consentimento, e ainda assim desde que não resultem, direta ou indiretamente, prejuízos ao empregado, sob pena de nulidade da cláusula infringente desta garantia.

Essa regra remete a observância de dois requisitos para a validade da alteração contratual:

1º) mútuo consentimento: significa que ambas as partes devem concordar com a alteração do contrato de trabalho, em especial o empregado, ou seja, ainda que o trabalhador queira, a alteração não lhe pode causar prejuízo direto ou indireto.

2º) ausência de prejuízo direto ou indireto ao empregado: essa alteração não pode causar prejuízo ao trabalhador, seja diretamente, como no caso de redução salarial, seja indiretamente, como na hipótese do trabalhador que ganha por produção e sofre diminuição nesta.

A expressão final do referido dispositivo, leva a crer que na ausência de tais requisitos haverá fraude na alteração, nos termos do art. 9º, da CLT, gerando a nulidade da cláusula modificada.

11.3. Retorno ou reversão do cargo de confiança

Empregados exercentes de cargo de confiança são os que desempenham funções de chefia e de confiança bancária, nos termos dos arts. 62, II e 224, § 2º, da CLT, respectivamente. Para eles, a legislação sempre determinou o pagamento de gratificação de função, sendo para os cargos de confiança do art. 62, II, da CLT, 40% do salário efetivo e para os de confiança bancária do art. 224, § 2º, da CLT, a gratificação de 1/3 do salário do cargo efetivo.

A legislação trabalhista, contudo, sempre permitiu o retorno ou reversão do exercente de cargo de confiança à função antiga, nos termos parágrafo único do art. 468, da CLT, anterior à Reforma celetista, que passa a ser, com a alteração na legislação, o § 1º do art. 468, da CLT, porém com a mesma redação anterior:

> Art. 468, CLT.
>
> § 1º Não se considera alteração unilateral a determinação do empregador para que o respectivo empregado reverta ao cargo efetivo, anteriormente ocupado, deixando o exercício de função de confiança.

A grande discussão sempre girou em torno da possibilidade de retirada ou não do valor da gratificação de função quando da reversão do empregado ao posto antigo. A jurisprudência firmou entendimento no sentido de que, se o empregado tivesse percebido a gratificação por dez anos ou mais, o empregador, em regra, não poderia retirar-lhe a gratificação, nos termos da Súmula n. 372, do TST:

Súmula n. 372, TST. GRATIFICAÇÃO DE FUNÇÃO. SUPRESSÃO OU REDUÇÃO. LIMITES

I – Percebida a gratificação de função por dez ou mais anos pelo empregado, se o empregador, sem justo motivo, revertê-lo a seu cargo efetivo, não poderá retirar-lhe a gratificação tendo em vista o princípio da estabilidade financeira.

II – Mantido o empregado no exercício da função comissionada, não pode o empregador reduzir o valor da gratificação.

A principal modificação ocorreu com o novel § 2º do art. 468 da CLT, ao estabelecer que o retorno ou reversão do cargo de confiança à função anteriormente ocupada, com ou sem justo motivo, retira o direito do empregado de receber a gratificação de função, a qual não será incorporada no salário, independentemente do tempo em que ela é paga:

> **Art. 468 (...)**
> **§ 2º** A alteração de que trata o § 1º deste artigo, com ou sem justo motivo, não assegura ao empregado o direito à manutenção do pagamento da gratificação correspondente, que não será incorporada, independentemente do tempo de exercício da respectiva função.

Dessa forma, a Súmula em comento deverá ser revista pelo TST, vez que é contrária à nova disposição celetista.

11.4. Transferência

Uma das principais alterações contratuais, diz respeito à transferência do empregado para "localidade diversa da que resultar do contrato, não se considerando transferência a que não acarretar necessariamente a mudança do seu domicílio", nos termos do art. 469, CLT.

Para que haja a transferência do empregado, de acordo com a legislação, deve haver necessariamente a mudança do domicílio do empregado. Assim, caso o mesmo seja transferido para filial de empresa em outro município, mas prefira continuar seu domicílio no mesmo local, não haverá transferência nos termos legais.

Via de regra, o empregado necessita concordar com a transferência, salvo no caso dos "empregados que exerçam cargo de confiança e aqueles cujos contratos tenham como condição, implícita ou explícita, a transferência, quando esta decorra de real necessidade de serviço", ou quando ocorrer a extinção do estabelecimento, nos termos dos §§ 1º e 2º, art. 469, da CLT.

Assim, há necessidade do empregado aceitar a transferência, salvo:

- Cargos de confiança;
- Transferência com real necessidade do serviço;
- Extinção do estabelecimento.

A Súmula n. 43, do TST, sobre transferência, estabelece que "Presume-se abusiva a transferência de que trata o § 1º do art. 469 da CLT, sem comprovação da necessidade do serviço".

A transferência pode ser provisória ou definitiva. Quando ocorrer a transferência definitiva, ou seja, sem a possibilidade do empregado voltar a prestar serviços no antigo local de trabalho, não haverá direito ao adicional de transferência. Já quando a transferência for provisória e ocorrer a mudança de domicílio, será contraprestado o respectivo adicional, referente a 25% (vinte e cinco por cento) dos salários que o empregado percebia naquela localidade, enquanto durar essa situação, nos termos do § 3º do dispositivo em comento:

Art. 469, CLT (...)

§ 3º – Em caso de necessidade de serviço o empregador poderá transferir o empregado para localidade diversa da que resultar do contrato, não obstante as restrições do artigo anterior, mas, nesse caso, ficará obrigado a um pagamento suplementar, nunca inferior a 25% (vinte e cinco por cento) dos salários que o empregado percebia naquela localidade, enquanto durar essa situação.

Assim, o adicional de transferência só será devido quando presentes os requisitos:

- Mudança de domicílio;
- Transferência provisória.

Por fim, o art. 470, da CLT, estabelece que "as despesas resultantes da transferência correrão por conta do empregador".

No que se refere à transferência para o exterior, remetemos o leitor à Lei n. 7.064/82.

11.5. Substituição eventual ou temporária

A substituição ocorre por motivo de "fatores previsíveis e comuns na dinâmica normal da empresa", como no caso de empregada gestante que precisa se licenciar ou empregado que sai de férias, ou ainda empregado que se acidenta, havendo necessidade de substituição, denominada, por estas razões de substituição eventual ou temporária, por ocorrer em virtude de determinada situação e ainda por determinado lapso temporal. [71]

O art. 450, da CLT, determina que o empregado chamado a ocupar em substituição eventual ou temporária, cargo diverso do que exercer na empresa, tem garantida da contagem do tempo naquele serviço, assim como volta ao cargo anterior.

A Súmula n. 159 do TST garante ao empregado substituto salário contratual do substituído, enquanto perdurar essa situação, sendo que, havendo substituição definitiva, o respectivo salário não será devido:

SUBSTITUIÇÃO DE CARÁTER NÃO EVENTUAL E VACÂNCIA DO CARGO.

I – Enquanto perdurar a substituição que não tenha caráter meramente eventual, inclusive nas férias, o empregado substituto fará jus ao salário contratual do substituído.

II – Vago o cargo em definitivo, o empregado que passa a ocupá-lo não tem direito a salário igual ao do antecessor.

A substituição definitiva ocorre, via de regra, com a vacância do cargo, não sendo devido, nesta hipótese, o salário substituição.

11.6. Suspensão do contrato de trabalho

A suspensão do contrato de trabalho encontra previsão normativa nos arts. 471 a 476-A, da CLT.

---

(71) DELGADO, Mauricio Godinho. *Curso de direito do trabalho*. 15. ed. São Paulo: LTr, 2016. p. 1.141.

Suspensão do contrato de trabalho é a "sustação temporária dos principais efeitos do contrato de trabalho no tocante às partes, em virtude de um fato juridicamente relevante, sem ruptura, contudo, do vínculo contratual formado".[72]

Nela, o empregado não presta serviços ao empregador, nem tampouco recebe a contraprestação por estes serviços, ou seja, não recebe salário.

São exemplos de suspensão do contrato de trabalho:

• Greve: o empregado tem o direito constitucional de greve para reivindicar melhores salários e condições de trabalho (art. 9º, CF/88 e Lei n. 7783/89). A participação em greve suspende o contrato de trabalho, devendo as relações obrigacionais, durante o período, ser regidas pelo acordo, convenção, laudo arbitral ou decisão da Justiça do Trabalho, nos termos do art. 7º da Lei de Greve.

• Afastamentos previdenciários: em caso de doença, acidente do trabalho ou situação em que o empregado precise ficar afastado por mais de 15 dias, esse primeiro período é considerado como causa de interrupção do contrato de trabalho, pois é contraprestado pelo empregador, sendo que o período que ultrapassar os 15 dias será considerado como causa de suspensão contratual.

11.7. Interrupção do contrato de trabalho

Interrupção é a sustação temporária da principal obrigação do empregado no contrato de trabalho (prestação de trabalho e disponibilidade perante o empregador), em virtude de um fato juridicamente relevante, mantidas em vigor todas as demais cláusulas contratuais.[73]

Ocorre quando o empregado não presta serviços, mas recebe o salário.

São exemplos de interrupção do contrato de trabalho:

• Férias: empregado descansa durante determinado período e recebe normalmente salário do empregador;

• Hipóteses do art. 463, da CLT: (doação de sangue, inscrição serviço militar, prova vestibular, apresentação atestado médico, licença gestante, entre outros): o empregado não presta serviços, mas, por força de lei deve receber o(s) dia(s) paralisados.

Registre-se que o empregador, via de regra, não pode rescindir o contrato de trabalho em caso de suspensão ou interrupção do contrato de trabalho.

---

(72) DELGADO, Mauricio Godinho. *Curso de direito do trabalho*. 15. ed. São Paulo: LTr, 2016. p. 1.177.

(73) *Idem*.

12

Estabilidade

12.1. Introdução

Em nosso país, a proteção contra a despedida individual é prevista no art. 7º, I, da Constituição Federal, como garantia fundamental dos trabalhadores urbanos e rurais. Isso porque referido artigo está inserido no Capítulo II da Carta Maior que prevê os Direitos Sociais, o qual, por sua vez, está disposto no Título II do referido diploma, que trata dos Direitos e das Garantias Fundamentais.

O art. 7º, I, da Carta Magna, estabelece que a relação de emprego é protegida contra despedida arbitrária ou sem justa causa, nos termos de lei complementar, que preverá indenização compensatória, entre outros direitos.

No Brasil, o sistema da garantia plena no emprego foi definitivamente afastado com o advento da Constituição Federal de 1988, ao passo que o art. 10 do Ato das Disposições Constitucionais Transitórias limitou a proteção contra a despedida arbitrária ou sem justa causa prevista no art. 7º, I, da Carta Magna, a uma indenização equivalente a 40% dos depósitos do Fundo de Garantia por Tempo de Serviço, quatro vezes maior que a indenização prevista no art. 6º, *caput*, e § 1º, da Lei n. 5.107, de 13 de setembro de 1966. Atualmente, essa indenização é regrada através do art. 18, § 1º da Lei n. 8.036/90.

A plena impossibilidade de dispensa do empregado ficou restrita apenas para aqueles que adquiriram a estabilidade decenal antes da promulgação da Carta Maior de 1988, já que o regime do Fundo de Garantia foi estendido a todos os trabalhadores, sem distinção.

O art. 10 do Ato das Disposições Transitórias dispõe que a indenização dos 40% do FGTS é devida até que lei complementar sobrevenha, o que, frise-se, não ocorreu até a presente data, há mais de 20 anos de sua promulgação.

Nesse ponto, é certo que o regime geral brasileiro não consagrou a nulidade da dispensa arbitrária ou sem justa causa mediante a reintegração do empregado, ao contrário, previu indenização substitutiva, como forma de reparação pela perda do emprego. Essa indenização está pautada nos arts. 187, 422 e 944 do Código Civil como abuso de direito, além da ilicitude e abusividade do ato da despedida individual sem justa causa.[74]

12.2. Principais estabilidades definitivas

A estabilidade prevista na legislação brasileira, nos arts. 492 e seguintes na CLT, que permitia apenas a justa causa como hipótese de despedida, desde que apurada através de

---

[74] ALMEIDA, Renato Rua de. O regime geral do Direito do Trabalho contemporâneo sobre a proteção da relação de emprego contra a despedida individual sem justa causa. Estudo comparado entre a legislação brasileira e as legislações portuguesa, espanhola e francesa. *Revista LTr*, Legislação do Trabalho, v. 3, p. 341, 2007.

inquérito judicial, foi relativizada pela Lei n. 5.107, de 13 de setembro de 1966, que criou o Fundo de Garantia do Tempo de Serviço (FGTS). A nova sistemática aboliu a estabilidade ao emprego dos próprios estáveis mediante renúncia destes quando da opção pelo novo regime.

Na iniciativa privada, a estabilidade, que até então atingia o objetivo de manter o trabalhador no emprego, como forma de garantia, foi abolida com a Constituição Federal de 1988, prevalecendo apenas para aqueles que adquiriram dez anos de serviço até aquele ano, não optantes pelo regime do FGTS.

Atualmente, no Brasil, a plena impossibilidade de dispensa do empregado só prevalece para aqueles que adquiriram a estabilidade decenal na iniciativa privada e para os funcionários públicos (art. 37 da Constituição Federal). A Carta Maior do nosso país também prevê as chamadas estabilidades provisórias do dirigente sindical, da gestante e do exercente ao cargo de gestão na Comissão Interna de Prevenção de Acidentes (CIPA), limitando-se, nos demais casos, a garantia de emprego a uma indenização equivalente a 40% dos depósitos fundiários.

12.3. Principais estabilidades provisórias

Estabilidade provisória é o direito que o empregado possui de permanecer no emprego durante determinado período, sem poder sofrer despedida imotivada ou até que uma causa sobrevenha como no caso de uma conduta gravosa por parte do trabalhador que justifique uma despedida por justa causa.

12.3.1. Gestante

A estabilidade da gestante está prevista no art. 10, II, "b", do Ato das Disposições Constitucionais Transitórias — ADCT e ocorre desde a confirmação da gravidez até cinco meses após o parto.

A confirmação da gestação ocorre a partir da realização de exames médicos específicos, sendo que, desde a concepção da gravidez, a gestante está impedida de sofrer despedida sem justa causa.

A estabilidade gestante se difere do período de licença-maternidade, considerado este aquele em que a empregada se afasta e percebe a remuneração integral, sendo de 120 (cento e vinte) dias, com início no período entre 28 (vinte e oito) dias antes do parto e a data de ocorrência deste.

Esse período pode ser estendido por mais 60 (sessenta) dias da duração da licença-maternidade, nos termos do art. 1º, I, da Lei n. 11.770/2008.

Ponto enfoque do estudo, diz respeito às disposições da Súmula n. 244, do TST:

GESTANTE. ESTABILIDADE PROVISÓRIA

I – O desconhecimento do estado gravídico pelo empregador não afasta o direito ao pagamento da indenização decorrente da estabilidade (art. 10, II, "b", do ADCT).

II – A garantia de emprego à gestante só autoriza a reintegração se esta se der durante o período de estabilidade. Do contrário, a garantia restringe-se aos salários e demais direitos correspondentes ao período de estabilidade.

III – A empregada gestante tem direito à estabilidade provisória prevista no art. 10, inciso II, alínea *"b"*, do Ato das Disposições Constitucionais Transitórias, mesmo na hipótese de admissão mediante contrato por tempo determinado."

A jurisprudência do TST se firmou no sentido de que, ainda que o empregador desconheça o estado de gravidez da empregada, ela tem direito à estabilidade no emprego. Essa garantia, contudo, tem a essência de proteção ao feto, e não à gestante em si, a fim de que possa nascer num ambiente economicamente saudável. Caso o empregador desconheça a gravidez da empregada no ato da despedida e esta venha a ajuizar reclamação trabalhista no final do prazo prescricional de até dois anos da extinção do contrato, ela terá direito à indenização de todo período de estabilidade, não constituindo essa conduta abuso do exercício do direito de ação, nos termos da OJ n. 399, SDI-1, TST. Caso a ação seja ajuizada no período da estabilidade, ela terá direito a reintegração no emprego, nos termos da Súmula n. 396, do TST.

O art. 391-A da CLT estabelece ainda, que a confirmação do estado de gravidez advindo no curso do contrato de trabalho, ainda que durante o prazo do aviso-prévio trabalhado ou indenizado, garante à empregada gestante a estabilidade provisória.

12.3.2. Empregado acidentado

O empregado acidentado goza de garantia provisória no emprego, nos termos do art. 118, Lei n. 8213/91, pelo prazo mínimo de doze meses, após a cessação do auxílio-doença acidentário, independentemente de percepção de auxílio-acidente. A legislação trata do prazo mínimo, considerando a possibilidade de acordo ou convenção coletiva de trabalho elastecer referido período, ocasião em que deverá ser aplicada no caso concreto, por se tratar de norma mais benéfica ao trabalhador.

Os arts. 20, 21 e 21-A da Lei de benefícios da Previdência Social (8213/91) trata dos casos considerados acidente do trabalho, a saber:

Art. 20. Consideram-se acidente do trabalho, nos termos do artigo anterior, as seguintes entidades mórbidas:

I – doença profissional, assim entendida a produzida ou desencadeada pelo exercício do trabalho peculiar a determinada atividade e constante da respectiva relação elaborada pelo Ministério do Trabalho e da Previdência Social;

II – doença do trabalho, assim entendida a adquirida ou desencadeada em função de condições especiais em que o trabalho é realizado e com ele se relacione diretamente, constante da relação mencionada no inciso I.

O § 1º do referido artigo elenca quais doenças não são consideradas doença do trabalho:

Art. 20 (...)

§ 1º Não são consideradas como doença do trabalho:

a) a doença degenerativa;

b) a inerente a grupo etário;

c) a que não produza incapacidade laborativa;

d) a doença endêmica adquirida por segurado habitante de região em que ela se desenvolva, salvo comprovação de que é resultante de exposição ou contato direto determinado pela natureza do trabalho.

Esse rol, contudo, não é taxativo, uma vez que o § 2º do art. 20 da Lei n. 8213/91 estabelece que se constatada que a doença não está incluída na relação prevista nos incisos I e II deste artigo, mas que resultou das condições especiais em que o trabalho é executado e com ele se relaciona diretamente, a Previdência Social deve considerá-la acidente de trabalho.

Já o art. 21 da Lei de Benefícios equipara a acidente do trabalho às seguintes situações:

Art. 21. Equiparam-se também ao acidente do trabalho, para efeitos desta Lei:

I – o acidente ligado ao trabalho que, embora não tenha sido a causa única, haja contribuído diretamente para a morte do segurado, para redução ou perda da sua capacidade para o trabalho, ou produzido lesão que exija atenção médica para a sua recuperação;

II – o acidente sofrido pelo segurado no local e no horário do trabalho, em consequência de:

a) ato de agressão, sabotagem ou terrorismo praticado por terceiro ou companheiro de trabalho;

b) ofensa física intencional, inclusive de terceiro, por motivo de disputa relacionada ao trabalho;

c) ato de imprudência, de negligência ou de imperícia de terceiro ou de companheiro de trabalho;

d) ato de pessoa privada do uso da razão;

e) desabamento, inundação, incêndio e outros casos fortuitos ou decorrentes de força maior;

III – a doença proveniente de contaminação acidental do empregado no exercício de sua atividade;

IV – o acidente sofrido pelo segurado ainda que fora do local e horário de trabalho:

a) na execução de ordem ou na realização de serviço sob a autoridade da empresa;

b) na prestação espontânea de qualquer serviço à empresa para lhe evitar prejuízo ou proporcionar proveito;

c) em viagem a serviço da empresa, inclusive para estudo quando financiada por esta dentro de seus planos para melhor capacitação da mão de obra, independentemente do meio de locomoção utilizado, inclusive veículo de propriedade do segurado;

d) no percurso da residência para o local de trabalho ou deste para aquela, qualquer que seja o meio de locomoção, inclusive veículo de propriedade do segurado.

A Súmula n. 378 do TST foi firmada no seguinte sentido:

ESTABILIDADE PROVISÓRIA. ACIDENTE DO TRABALHO. ART. 118 DA LEI N. 8.213/1991.

I – É constitucional o art. 118 da Lei n. 8.213/1991 que assegura o direito à estabilidade provisória por período de 12 meses após a cessação do auxílio-doença ao empregado acidentado.

II – São pressupostos para a concessão da estabilidade o afastamento superior a 15 dias e a consequente percepção do auxílio-doença acidentário, salvo se constatada, após a despedida, doença profissional que guarde relação de causalidade com a execução do contrato de emprego.

III – O empregado submetido a contrato de trabalho por tempo determinado goza da garantia provisória de emprego decorrente de acidente de trabalho prevista no n no art. 118 da Lei n. 8.213/91."

Os requisitos para o empregado fazer jus à estabilidade são:

• Afastamento por mais de 15 dias;

• Recebimento do auxílio-doença acidentário pela Previdência Social a partir do 16º dia; ou

- Doença profissional com nexo de causalidade entre as atividades desempenhadas pelo empregado na ambiência laboral e a doença adquirida.

As mesmas considerações efetuadas na garantia da gestante se aplicam ao empregado acidentado no que se refere ao pedido de indenização quando exaurido o período de estabilidade ou de reintegração, quando ajuizada reclamação dentro do referido período, nos termos da Súmula n. 396, do TST e OJ n. 399, SDI-1, do TST.

12.3.3. Dirigente sindical

O dirigente sindical que goza de garantia no emprego é aquele que desenvolve suas atividades como diretor do sindicato da categoria profissional, eleito pelos seus pares. A estabilidade lhe é conferida devido à representatividade que exerce dos demais trabalhadores perante da categoria profissional e é prevista no art. 8º, VIII, CF/88 e art. 543, § 3º, da CLT.

A estabilidade do dirigente sindical ocorre desde o registro de sua candidatura a cargo de direção ou representação de entidade sindical ou de associação profissional, até 1 (um) ano após o final do seu mandato, caso seja eleito inclusive como suplente, salvo se cometer falta grave devidamente apurada. Assim, caso o empregado não seja eleito, sua estabilidade se perdurará até o dia da eleição.

O art. 522, da CLT, estabelece que a administração do sindicato será exercida por uma diretoria constituída no máximo de sete e no mínimo de três membros, dentre outros órgãos. O art. 8º, CF/88, por sua vez, se funda no princípio da liberdade sindical e, nesse sentido, há o entendimento de que a legislação infraconstitucional não pode intervir na atuação do sindicato, como o faz ao estabelecer número mínimo e máximo de membros que deve conter sua diretoria. No entanto, a jurisprudência do TST se solidificou através da Súmula n. 369, II, do TST, para recepcionar o art. 522, da CLT, limitando a estabilidade a sete dirigentes sindicais e igual número de suplentes.

No mais, a Súmula n. 369 trata de outras questões, a saber:

DIRIGENTE SINDICAL. ESTABILIDADE PROVISÓRIA

I – É assegurada a estabilidade provisória ao empregado dirigente sindical, ainda que a comunicação do registro da candidatura ou da eleição e da posse seja realizada fora do prazo previsto no art. 543, § 5º, da CLT, desde que a ciência ao empregador, por qualquer meio, ocorra na vigência do contrato de trabalho.

II – O art. 522 da CLT foi recepcionado pela Constituição Federal de 1988. Fica limitada, assim, a estabilidade a que alude o art. 543, § 3º, da CLT a sete dirigentes sindicais e igual número de suplentes.

III – O empregado de categoria diferenciada eleito dirigente sindical só goza de estabilidade se exercer na empresa atividade pertinente à categoria profissional do sindicato para o qual foi eleito dirigente.

IV – Havendo extinção da atividade empresarial no âmbito da base territorial do sindicato, não há razão para subsistir a estabilidade.

V – O registro da candidatura do empregado a cargo de dirigente sindical durante o período de aviso-prévio, ainda que indenizado, não lhe assegura a estabilidade, visto que inaplicável a regra do § 3º do art. 543 da Consolidação das Leis do Trabalho.

As mais importantes delas estão no fato de que o dirigente sindical não goza de estabilidade quando se candidata à eleição no período do aviso-prévio, trabalhado ou indenizado e também não se mantém na garantia provisória de emprego quando o estabelecimento é extinto.

O art. 853, da CLT, traz um requisito para a despedida por justa causa, exclusiva do dirigente sindical que é o ajuizamento de ação denominada inquérito para apuração de falta grave perante a Justiça do Trabalho, como espécie de autorização judicial para proceder à despedida por justa causa. O dirigente sindical será suspenso de suas atividades e o empregador terá até 30 dias para ajuizar referida ação. Após a instrução é proferida sentença autorizando ou não a demissão por justo motivo.

12.3.4. Representante dos empregados na comissão interna de prevenção de acidentes

A comissão interna de prevenção de acidentes – CIPA "tem como objetivo a prevenção de acidentes e doenças decorrentes do trabalho, de modo a tornar compatível permanentemente o trabalho com a preservação da vida e a promoção da saúde do trabalhador", nos termos do item 5.1. da Norma Regulamentadora 5 – NR-5 do Ministério do Trabalho e Emprego. Ela é constituída nos estabelecimentos das empresas com 20 empregados ou mais.

Os empregados que gozam de estabilidade são os que representam os demais trabalhadores perante a CIPA e seu suplente, e sua garantia no emprego ocorre desde o registro de sua candidatura até um ano após o término de seu mandato, nos termos do art. 10, II, "a", do ADCT.

A Súmula n. 339 do TST se firmou no seguinte sentido:

CIPA. SUPLENTE. GARANTIA DE EMPREGO. CF/1988

I – O suplente da CIPA goza da garantia de emprego prevista no art. 10, II, "a", do ADCT a partir da promulgação da Constituição Federal de 1988.

II – A estabilidade provisória do cipeiro não constitui vantagem pessoal, mas garantia para as atividades dos membros da CIPA, que somente tem razão de ser quando em atividade a empresa. Extinto o estabelecimento, não se verifica a despedida arbitrária, sendo impossível a reintegração e indevida a indenização do período estabilitário.

O item II da Súmula n. 339, do TST, estabelece que havendo extinção do local de trabalho não é mantida a estabilidade do cipeiro e seu suplente.

12.3.5. Representantes dos empregados no local de trabalho

A Reforma Trabalhista inseriu os arts. 510-A a 510-D, da CLT, e a MP n. 808 o art. 510-E, CLT, para tratar da representação dos empregados na empresa.

A matéria, desde a CF/88, pendia de desdobramento legislativo, diante do enxuto art. 11, CF/88: "Nas empresas de mais de duzentos empregados, é assegurada a eleição de um representante destes com a finalidade exclusiva de promover-lhes o entendimento direto com os empregadores". Diante da lacuna, para eles, não havia qualquer garantia no emprego.

Em âmbito internacional, a Convenção n. 135 e a Recomendação n. 143 (ambas de 1971) da OIT, tratam da proteção dos trabalhadores na empresa e preveem a dispensa motivada dos representantes dos trabalhadores na empresa, a preservação de meios necessários para desempenho de suas atribuições, a colaboração mútua entre representantes sindicais e não sindicais, entre outros direitos.

A finalidade da representação dos trabalhadores na empresa sempre foi a de promover o entendimento entre os empregados e o empregador, visando a solução de questões na própria empresa e a redução de número de processos trabalhistas, assim como a atuação de forma a impedir o conflito coletivo na vida da sociedade, tornando a estrutura da empresa democrática e social. O art. 510-B, I a VII, da CLT, indica as atribuições dessa representação.

O novo art. 510-A, da CLT, estabelece que nas empresas com mais de duzentos empregados é assegurada a eleição de uma comissão para representá-los, com a finalidade de promover-lhes o entendimento direto com os empregadores, sendo a comissão composta por:

Número de empregados por empresa	Quantidade membros na comissão
Mais de duzentos e até três mil	Três membros
Mais de três mil e até cinco mil	Cinco membros
Mais de cinco mil empregados	Sete membros

E ainda:

Art. 510-A (...)

§ 2º No caso de a empresa possuir empregados em vários Estados da Federação e no Distrito Federal, será assegurada a eleição de uma comissão de representantes dos empregados por Estado ou no Distrito Federal, na mesma forma estabelecida no § 1º deste artigo.

Sem a intenção de se esgotar o tema, cuja matéria é afeta ao Direito Coletivo do Trabalho, cabe neste ponto tratar da estabilidade dos membros da comissão de representantes dos trabalhadores. Estabelece o art. 510-D, *caput*, da CLT, que o mandato dos membros da comissão de representantes dos empregados será de um ano, enquanto que o § 3º do referido artigo trata sobre a garantia no emprego:

Art. 510-D (...)

§ 3º Desde o registro da candidatura até um ano após o fim do mandato, o membro da comissão de representantes dos empregados não poderá sofrer despedida arbitrária, entendendo-se como tal a que não se fundar em motivo disciplinar, técnico, econômico ou financeiro.

Assim, considerando que determinado empregado seja eleito para a comissão de representantes, ele não poderá sofrer despedida arbitrária durante seu mandato que tem duração de 01 ano, assim como após mais 01 ano do fim de seu mandato. Contudo, a despedida poderá se fundar em motivo disciplinar, como no caso deste empregado cometer falta grave e ser despedido por justa causa, em motivo técnico, quando faltar-lhe habilidade para o exercício de sua função ou ainda por motivo econômico ou financeiro, a exemplo de uma crise econômica.

Vale destacar que o § 1º do art. 510-D determina que "o membro que houver exercido a função de representante dos empregados na comissão não poderá ser candidato nos dois períodos subsequentes", assim como que o § 2º do referido dispositivo prevê que "o mandato de membro de comissão de representantes dos empregados não implica suspensão ou interrupção do contrato de trabalho, devendo o empregado permanecer no exercício de suas funções".

13

Extinção do Contrato de Trabalho

13.1. Denominações

Existem algumas denominações para a extinção do contrato de trabalho, a saber:[75]

a) Resilição: a extinção do contrato assim se define quando as próprias partes desfazem o ajuste que haviam firmado, por mútuo acordo.

b) Resolução: designa inexecução faltosa por um dos contratantes, como no caso da justa causa.

c) Rescisão: se refere a nomenclatura mais comum para extinção do contrato de trabalho.

d) Força maior: o contrato é dissolvido pela ocorrência de alguma situação que impossibilita sua execução, por vontade alheia às partes.

13.2. Término dos contratos a prazo determinado

Conforme estudado no item dos contratos a prazo determinado, essa modalidade contratual decorre da exceção à regra dos contratos a prazo indeterminado, e por esse motivo, precisam ser formalizados na modalidade expressa escrita como prova do ajuste firmado e ocorrem quando as partes ajustam o termo final do contrato. O término dos contratos a prazo decorre da extinção normal ou anormal do contrato a seguir elencado.

13.2.1. Extinção normal

Na extinção normal do contrato de trabalho há a ocorrência do termo final do contrato a prazo determinado, previsto no art. 443, § 1º da CLT, ou seja, ocorre quando as partes ajustam o dia certo para terminar (termo certo) ou depende do acontecimento de determinado evento (termo incerto), como na execução de serviços especificados ou ainda da realização de certo acontecimento suscetível de previsão aproximada.

13.2.2. Extinção anormal

A extinção anormal do contrato a prazo determinado pode ocorrer com a despedida sem justa causa (por ato do empregador), antes da ocorrência do termo final. Nessa hipótese poderá haver a incidência da multa prevista no art. 479, CLT:

> Art. 479 – Nos contratos que tenham termo estipulado, o empregador que, sem justa causa, despedir o empregado será obrigado a pagar-lhe, a título de indenização, e por metade, a remuneração a que teria direito até o termo do contrato.

---

(75) NASCIMENTO, Amauri Mascaro. *Iniciação ao direito do trabalho*. 38. ed. São Paulo: LTr, 2013. p. 393.

Essa modalidade de extinção pode ocorrer, ainda, mediante pedido de demissão (ato do empregado), incidindo, na espécie, a penalidade prevista no art. 480, *caput*, e § 1º, da CLT:

> Art. 480 – Havendo termo estipulado, o empregado não se poderá desligar do contrato, sem justa causa, sob pena de ser obrigado a indenizar o empregador dos prejuízos que desse fato lhe resultarem.
>
> § 1º A indenização, porém, não poderá exceder àquela a que teria direito o empregado em idênticas condições.
>
> Exceção da incidência de tais penalidades ocorre na existência de cláusula assecuratória do direito recíproco de rescisão, ou seja, quando as partes estabelecem no contrato de trabalho de trabalho a prazo determinado que ambas possuem o direito de rescindir o ajuste antes da ocorrência do termo final, nos termos do art. 481, CLT.
>
> Art. 481 – Aos contratos por prazo determinado, que contiverem cláusula assecuratória do direito recíproco de rescisão antes de expirado o termo ajustado, aplicam-se, caso seja exercido tal direito por qualquer das partes, os princípios que regem a rescisão dos contratos por prazo indeterminado."

A seguir, serão analisadas as formas de extinção dos contratos a prazo indeterminado.

13.3. Término dos contratos a prazo indeterminado

13.3.1. Despedida sem justa causa

É a despedida pelo empregador sem justo motivo, também chamada de dispensa imotivada, denúncia vazia (art. 7º, I, CF). A despedida sem justa causa é ato unilateral do empregador que priva o empregado de seu meio de subsistência.[76]

O empregador, na dispensa sem justa causa, priva o empregado do direito de exercer um ofício, motivo pelo qual se torna necessário o pagamento de indenização mediante o ato ilícito cometido, correspondente à violação do princípio da continuidade do emprego.

Essa manutenção no emprego é prevista nas constituições de alguns países como, por exemplo, no Brasil, através do art. 7º, I da Constituição Federal, e, em Portugal, pelo art. 53 da Constituição da República Portuguesa. [77]

Além da despedida sem justa causa, que diz respeito ao desligamento do empregado por iniciativa do empregador mediante pagamento de indenização substitutiva, há ainda o tratamento jurídico dado a outras figuras como a despedida arbitrária, a abusiva e a discriminatória.

13.3.1.1. Despedida arbitrária, abusiva e discriminatória

A despedida arbitrária não pode ser confundida com a despedida sem justa causa nem tampouco com a despedida motivada.

A própria legislação, ao conferir a proteção da relação de emprego contra despedida arbitrária ou sem justa causa, não tratou de igualar as figuras e, da ótica de que a lei não

---

(76) ALMEIDA, Renato Rua de. O regime geral do direito do rrabalho contemporâneo sobre a proteção da relação de emprego contra a despedida individual sem justa causa. Estudo comparado entre a legislação brasileira e as legislações portuguesa, espanhola e francesa. *Revista LTr*, Legislação do Trabalho, v. 3, p. 337, 2007.

(77) *Idem*.

contém palavras inúteis, a dispensa arbitrária não pode ser confundida com a dispensa imotivada. Há ainda a concepção de que a proteção da relação de emprego contra a despedida arbitrária não deve ser interpretada como sinônimo da proteção da relação de emprego contra a despedida sem justa causa, pois se esta última diz respeito à dispensa individual, interpretação razoável seria conferir tratamento igualitário entre a despedida arbitrária e a coletiva.[78]

Em segundo plano, muito embora a despedida arbitrária seja fundada em motivo justificado, devendo a reparação ser a indenização compensatória, não há que se falar em dispensa arbitrária como sinônimo de dispensa por justa causa na medida em que esta diz respeito à conduta irregular do empregado e aquela à conduta ilícita do empregador.

Já a despedida abusiva possui caráter de injustiça, em que se aplicam os princípios gerais da responsabilidade civil;[79] decorre de um motivo antissocial, o que não justifica o pagamento de simples indenização pelo empregador, que deve também reparar o dano moral sofrido pelo empregado.[80]

A despedida discriminatória, por sua vez, funda-se na violação de algum direito fundamental do trabalhador, cabendo a reparação através do pagamento de uma indenização e a reintegração ao emprego, ante a nulidade do ato do empregador.[81]

13.3.2. Pedido de demissão

É a declaração unilateral de vontade do empregado em colocar fim ao contrato de trabalho.

O pedido de demissão constitui direito de liberdade de trabalho do empregado, assegurado pelo art. 5º, XIII da Constituição Federal de 1988.[82]

O art. 477, § 1º, da CLT, que tratava do pedido de demissão por empregado com mais de 1 (um) ano de serviço e necessidade de homologação da rescisão pelo respectivo Sindicato ou perante a autoridade do Ministério do Trabalho e Previdência Social foi revogado pela Reforma Trabalhista, conforme será melhor analisado no item homologação das rescisões.

13.3.3. Despedida por justa causa

A despedida por justa causa é aplicada mediante uma conduta grave praticada pelo empregado, cujas hipóteses estão previstas no art. 482, da CLT, e demais dispositivos citados. As hipóteses de justa causa são taxativas, ou seja, devem estar necessariamente previstas em lei.

---

(78) ALMEIDA, Renato Rua de. O regime geral do direito do trabalho contemporâneo sobre a proteção da relação de emprego contra a despedida individual sem justa causa. Estudo comparado entre a legislação brasileira e as legislações portuguesa, espanhola e francesa. *Revista LTr*, Legislação do Trabalho, v. 3, p. 339, 2007.

(79) PLÁ RODRIGUEZ, Américo. *Princípios de direito do trabalho*. 3. ed., 2. tir. Tradução de Wagner D. Giglio. São Paulo: LTr, 2002. p. 266.

(80) ROMITA, Arion Sayão. *Despedida arbitrária e discriminatória*. Rio de Janeiro: Forense, 2008. p. VIII.

(81) Idem.

(82) ALMEIDA, Renato Rua de. O regime geral do direito do trabalho contemporâneo sobre a proteção da relação de emprego contra a despedida individual sem justa causa. Estudo comparado entre a legislação brasileira e as legislações portuguesa, espanhola e francesa. *Revista LTr*, Legislação do Trabalho, v. 3, p. 337, 2007.

Os requisitos para aplicação da justa causa são:[83]

a) Legalidade: a conduta gravosa do empregado deve estar prevista em lei, como por exemplo o não uso do equipamento de proteção individual (art. 158, CLT) e no caso de greve abusiva (arts. 6º, 9º e 14 da Lei n. 7783/89).

b) Proporcionalidade: a penalidade aplicada pelo empregador deve ser proporcional à conduta do empregado como no caso de conduta faltosa leve em que o empregado recebe advertências, conduta faltosa reincidente, em que o empregado recebe suspensões, até a aplicação da justa causa por ato faltoso grave único ou reincidência das demais condutas de natureza leve ou média.

c) Imediatidade: o empregador deve aplicar a justa causa tão logo tome conhecimento da falta grave do empregado, sob pena de ocorrer o perdão tácito.

d) *Non bis in idem*: não é permitida a aplicação de duas ou mais punições para a mesma falta.

e) Caráter determinante da falta: a prática do ato faltoso deve ser a causa do despedimento.

f) Nexo causal: a conduta gravosa deve ter relação com o trabalho. Ex: ato grave do empregado praticado na festa dada pela empresa a clientes e fornecedores.

O art. 482, da CLT, elenca as causas para rescisão do contrato de trabalho:

a) ato de improbidade: significa ato contra o patrimônio da empresa, nos casos de roubo ou furto. As decisões judiciais têm se firmado no sentido que atestado adulterado pelo empregado constitui ato de improbidade.

b) incontinência de conduta ou mau procedimento: a incontinência de conduta diz respeito ao comportamento irregular do empregado ligado à moral sexual, como no caso de assédio sexual. Já o mau procedimento se refere ao comportamento irregular do empregado, incompatível com as normas exigidas pelo senso comum do homem médio.

c) negociação habitual por conta própria ou alheia sem permissão do empregador, e quando constituir ato de concorrência à empresa para a qual trabalha o empregado, ou for prejudicial ao serviço;

d) condenação criminal do empregado, passada em julgado, caso não tenha havido suspensão da execução da pena;

e) desídia no desempenho das respectivas funções: a desídia diz respeito ao ato de negligência, displicência habitual, desinteresse no desempenho das funções, como por exemplo, falta de pontualidade, faltas injustificadas reiteradas etc.

f) embriaguez habitual ou em serviço: o TST tem adotado o entendimento no sentido de que o alcoolismo é visto como doença crônica a ensejar tratamento adequado, assim determinada pela Organização Mundial da Saúde — OMS, inclusive com possibilidade de afastamento do trabalho e percebimento de benefício previdenciário por doença e não dispensa por justa causa.

---

(83) ROMAR, Carla Teresa Martins. *Direito do trabalho esquematizado*. São Paulo: Saraiva, 2013. p. 467-470.

g) violação de segredo da empresa;

h) ato de indisciplina ou de insubordinação: ato de indisciplina corresponde ao descumprimento de ordens gerais de serviço dada pelo empregador a todos os empregados ou a alguns setores da empresa como no caso do descumprimento de regulamento interno. A insubordinação decorre do descumprimento de ordens pessoais de serviços como, por exemplo, quando o empregado se recusa a guardar uma ferramenta.

i) abandono de emprego: decorre da intenção manifesta de deixar o trabalho ou romper o contrato, sendo fixada em faltas injustificadas por 30 dias ou mais, conforme Súmula n. 32, do TST.

j) ato lesivo da honra ou da boa fama praticado no serviço contra qualquer pessoa, ou ofensas físicas, nas mesmas condições, salvo em caso de legítima defesa, própria ou de outrem;

k) ato lesivo da honra ou da boa fama ou ofensas físicas praticadas contra o empregador e superiores hierárquicos, salvo em caso de legítima defesa, própria ou de outrem;

l) prática constante de jogos de azar: decorre da prática de jogos ilícitos, como o jogo do bicho, rifas não autorizadas, apostas de corrida de cavalo fora do hipódromo ou casas autorizadas, portanto requer habitualidade.

A Reforma Trabalhista inseriu no art. 482, da CLT, a alínea *"m"* para dispor nova modalidade de justa causa:

> **Art. 482 (...)**
> m) perda da habilitação ou dos requisitos estabelecidos em lei para o exercício da profissão, em decorrência de conduta dolosa do empregado.

Nesse caso, motorista com CNH suspensa ou retida, advogado suspenso de suas atividades ou excluído do quadro da Ordem dos Advogados do Brasil, contadores com registro cassado perante o Conselho Regional de Contadores, médicos nas mesmas hipóteses perante o Conselho Federal de Medicina e assim por diante, poderão ser despedidos por justa causa, se exercerem atividade mediante relação de emprego.

O parágrafo único do art. 482, da CLT, estabelece que "constitui igualmente justa causa para dispensa de empregado a prática, devidamente comprovada em inquérito administrativo, de atos atentatórios à segurança nacional".

Outras hipóteses de justa causa são:

• Art. 158, da CLT: inobservância das instruções do empregador e uso efetivo do EPI.

• Art. 240, da CLT: recusa de realização de horas extras e caso de urgência ou acidente na ferrovia.

• Art. 6º, I, e §§ 1º e 3º, art. 9º, art. 14, Lei n. 7.783/89: ato abusivo ao exercício regular do direito do greve.

13.3.4. Rescisão indireta

A rescisão indireta decorre da ruptura contratual por ato culposo do empregador, nos termos do art. 483, da CLT, que estabelece:

Art. 483 – O empregado poderá considerar rescindido o contrato e pleitear a devida indenização quando:

a) forem exigidos serviços superiores às suas forças, defesos por lei, contrários aos bons costumes, ou alheios ao contrato;

b) for tratado pelo empregador ou por seus superiores hierárquicos com rigor excessivo;

c) correr perigo manifesto de mal considerável;

d) não cumprir o empregador as obrigações do contrato;

e) praticar o empregador ou seus prepostos, contra ele ou pessoas de sua família, ato lesivo da honra e boa fama;

f) o empregador ou seus prepostos ofenderem-no fisicamente, salvo em caso de legítima defesa, própria ou de outrem;

g) o empregador reduzir o seu trabalho, sendo este por peça ou tarefa, de forma a afetar sensivelmente a importância dos salários.

Importante destacar o § 3º do artigo em comento que possibilita ao empregado ajuizar reclamação trabalhista, nas hipóteses das letras *"d"* e *"g"*, para pleitear a rescisão de seu contrato de trabalho e o pagamento das respectivas indenizações, permanecendo ou não no serviço até final decisão do processo.

13.3.5. Culpa recíproca

Ocorre por força de reconhecimento judicial, quando ambas as partes deram causa para a extinção do contrato de trabalho, nos termos do art. 484, da CLT: "Havendo culpa recíproca no ato que determinou a rescisão do contrato de trabalho, o tribunal de trabalho reduzirá a indenização a que seria devida em caso de culpa exclusiva do empregador, por metade".

13.3.6. Morte do empregado ou empregador pessoa física

No caso de morte do empregado, os valores devidos pelos empregadores e os montantes das contas individuais do Fundo de Garantia do Tempo de Serviço e do Fundo de Participação PIS-PASEP, não recebidos em vida pelos respectivos titulares, serão pagos, em quotas iguais, aos dependentes habilitados perante a Previdência Social e, na sua falta, aos sucessores previstos na lei civil, indicados em alvará judicial, independentemente de inventário ou arrolamento.

Já na hipótese de morte do empregador constituído em empresa individual, o art. 483, § 2º, da CLT, dispõe que é facultado ao empregado rescindir o contrato de trabalho. Não obstante, se a empresa individual prosseguir pelo herdeiro ou sucessor não interfere na extinção do contrato de trabalho (arts. 10 e 448, CLT), porém, ainda assim, o empregado poderá optar pela rescisão do contrato de trabalho.

13.2.7. Extinção da empresa ou do estabelecimento

A extinção da empresa pode ocorrer por força maior, assim entendida como "todo acontecimento inevitável, em relação à vontade do empregador, e para a realização do qual este não concorreu, direta ou indiretamente" (art. 501, CLT).

Pode ocorrer ainda por *factum principis*, ou seja, hipótese de "paralisação temporária ou definitiva do trabalho, motivada por ato de autoridade municipal, estadual ou federal, ou pela promulgação de lei ou resolução que impossibilite a continuação da atividade", nos termos do art. 486, da CLT.

13.3.8. Nova modalidade de rescisão: acordo entre empregado e empregador

A Lei da Reforma Trabalhista inovou ao possibilitar a rescisão do contrato de trabalho por acordo firmado entre empregado e empregador, regulamentando, de certa forma, os acordos informais que aconteciam ao arrepio da lei, onde a despedida ocorria formalmente como despedida sem justa causa e o empregado era obrigado a devolver a multa dos 40% do FGTS ao empregador.

O novo art. 484-A da CLT estabelece:

> **Art. 484-A.** O contrato de trabalho poderá ser extinto por acordo entre empregado e empregador, caso em que serão devidas as seguintes verbas trabalhistas:
>
> **I** – por metade:
>
> **a)** o aviso-prévio, se indenizado; e
>
> **b)** a indenização sobre o saldo do Fundo de Garantia do Tempo de Serviço, prevista no § 1º do art. 18 da Lei n. 8.036, de 11 de maio de 1990;
>
> **II** – na integralidade, as demais verbas trabalhistas.

Nessa modalidade de rescisão, o empregado pode movimentar a conta vinculada do Fundo de Garantia do Tempo de Serviço na forma do inciso I-A do art. 20 da Lei n. 8.036, de 11 de maio de 1990, limitada até 80% (oitenta por cento) do valor dos depósitos, mas não poderá ingressar no Programa de Seguro-Desemprego, tudo nos termos dos §§ 1º e 2º, do art. 484-A, CLT.

13.4. Aviso-prévio

Aviso-prévio é o meio de comunicação que a parte que deseja rescindir o contrato de trabalho confere à outra, no sentido de que não deseja mais manter o vínculo empregatício e deve ocorrer com antecedência mínima de 30 dias, previsto nos arts. 7º, XXI, CF/88 e art. 487, CLT.

Em 2011, foi editada a Lei n. 12.506 para dispor sobre o aviso-prévio proporcional ao tempo de serviço, em razão da determinação constitucional de necessidade de regulamentação (art. 7º, XXI, CF/88). Referida lei estabelece que o empregado terá direito ao aviso-prévio proporcional relativo a 03 dias por ano de serviço prestado na mesma empresa, após o primeiro ano do contrato de trabalho, até no máximo 60 dias, perfazendo um total de até 90 (noventa) dias.

Na falta do aviso-prévio com antecedência mínima de 30 dias por parte do empregador dá direito ao empregado do pagamento de forma indenizada e a falta de aviso-prévio por parte do empregado dá ao empregador o direito de descontar os salários correspondentes ao prazo respectivo, nos termos dos §§ 1º e 2º do art. 487, da CLT.

Caso o aviso-prévio seja trabalhado e se a rescisão tiver sido promovida pelo empregador, poderá haver redução do horário normal de trabalho do empregado, durante o prazo do aviso de 2 (duas) horas diárias, sem prejuízo do salário integral, ou sem a referida redução do horário dos sete últimos", nos termos do art. 488, CLT.

Poderá haver a reconsideração do aviso-prévio se a parte contrária assim concordar. Caso seja aceita a reconsideração ou continuando a prestação depois de expirado o prazo, o contrato continuará a vigorar, como se o aviso-prévio não tivesse sido dado (art. 489, *caput*, e parágrafo único, da CLT).

13.5. Verbas rescisórias

Em cada modalidade de extinção do contrato de trabalho são devidas determinadas verbas a título rescisório. Existe diferença das parcelas devidas a título de verbas rescisórias no que se refere à modalidade de contrato a prazo determinado ou indeterminado, conforme tabela do item subsequente.

13.5.1. Homologação das rescisões contratuais

A reforma da legislação celetista excluiu do ordenamento jurídico pátrio a necessidade de homologação da rescisão do contrato de trabalho no sindicato da categoria profissional diante da revogação dos §§ 1º e 3º do art. 477, da CLT:

Consolidação das Leis do Trabalho Texto anterior à Reforma Trabalhista	Consolidação das Leis do Trabalho Texto após a Reforma Trabalhista
Art. 477. É assegurado a todo empregado, não existindo prazo estipulado para a terminação do respectivo contrato, **e quando não haja ele dado motivo para cessação das relações** de trabalho, o **direito de haver do** empregador **uma indenização, paga** na **base da maior remuneração que tenha percebido** na **mesma empresa.**	**Art. 477.** Na extinção do contrato de trabalho, o empregador **deverá proceder à anotação na Carteira** de Trabalho e Previdência Social, comunicar a dispensa aos órgãos competentes e realizar o pagamento das **verbas rescisórias no prazo** e na forma estabelecidos neste artigo.
§ 1º O pedido de demissão ou recibo de quitação de rescisão, do contrato de trabalho, firmado por empregado com mais de 1 (um) ano de serviço, só será válido quando feito com a assistência do respectivo Sindicato ou perante a autoridade do Ministério do Trabalho e Previdência Social.	**§ 1º** (Revogado).
§ 2º O instrumento de rescisão ou recibo de quitação, qualquer que seja a causa ou forma de dissolução do contrato, deve ter especificada a natureza de cada parcela paga ao empregado e discriminado o seu valor, sendo válida a quitação, apenas, relativamente às mesmas parcelas.	(...)
§ 3º Quando não existir na localidade nenhum dos órgãos previstos neste artigo, a assistência será prestada pelo Represente do Ministério Público ou, onde houver, pelo Defensor Público e, na falta ou impedimento deste, pelo Juiz de Paz.	**§ 3º** (Revogado).

13.6. Tabela de verbas rescisórias

Na tabela da seguir, existem as modalidades de rescisão dos contratos de trabalho, assim como as verbas devidas a tal título.

	SALDO DE SALÁRIOS	FÉRIAS VENCIDAS + 1/3	AVISO PRÉVIO	FÉRIAS PROPORCIONAIS + 1/3	13º PROPORCIONAL	MULTA 40% FGTS	LIBERAÇÃO DO FGTS	INDENIZAÇÃO ART. 479, CLT	INDENIZAÇÃO ART. 480, CLT
Extinção normal contratos a prazo determinado	x	x		x	x		x		
Extinção anormal contratos a prazo determinado - INICIATIVA EMPREGADOR	x	x		x	x		x	x	
Extinção anormal contratos a prazo determinado - INICIATIVA EMPREGADO	x	x		x	x				x
Despedida sem justa causa	x	x	x	x	x	x	x		
Pedido de demissão	x	x	•	x	x				
Acordo: 484-A, CLT	x	x	50%	x	x	50%	80%		
Despedida por justa causa	x	x							
Rescisão Indireta	x	x	x	x	x	x	x		
Culpa Recíproca	x	x	50%	50%	50%	20%	x		
Morte do empregado	x	x		x	x		x		
Morte do empregador pessoa física	x	x	x	x	x	x**	x		
Extinção da empresa ou do estabelecimento - FORÇA MAIOR	x	x	x	x	x	20%***	x		

* O AVISO PRÉVIO SOMENTE SERÁ PAGO SE O EMPREGADO TRABALHAR DURANTE O PERÍODO. SE O EMPREGADO SE RECUSAR A TRABALHAR, O EMPREGADOR PODE DESCONTAR O AVISO PRÉVIO, SALVO SE O EMPREGADO OBTEVE NOVO EMPREGO.
** SE HOUVER MORTE DO EMPREGADOR PESSOA FÍSICA COM CONTINUIDADE PELOS HERDEIROS E O EMPREGADO NÃO QUISER CONTINUAR TRABALHANDO, HÁ DIVERGÊNCIA NA DOUTRINA QUANTO A MULTA DOS 40% DO FGTS
*** FACTUM PRINCIPIS: ATO DE AUTORIDADE = INDENIZAÇÃO DOS 40% DO FGTS É PAGA PELO GOVERNO RESPONSÁVEL PELA EXTINÇÃO DA ATIVIDADE DA EMPRESA

Os novos §§ 6º e 8º do referido dispositivo determinam a entrega ao empregado de documentos que comprovem a comunicação da extinção contratual aos órgãos competentes em até dez dias do término do contrato, sujeitando o infrator à multa de 160 BTN por trabalhador:

> **Art. 477** (...)
>
> § 6º A entrega ao empregado de documentos que comprovem a comunicação da extinção contratual aos órgãos competentes bem como o pagamento dos valores constantes do instrumento de rescisão ou recibo de quitação deverão ser efetuados até dez dias contados a partir do término do contrato.
> (...)
> § 8º A inobservância do disposto no § 6º deste artigo sujeitará o infrator à multa de 160 BTN, por trabalhador, bem assim ao pagamento da multa a favor do empregado, em valor equivalente ao seu salário, devidamente corrigido pelo índice de variação do BTN, salvo quando, comprovadamente, o trabalhador der causa à mora.

E, por fim, o § 10 do art. 477, da CLT, determina que a simples anotação da baixa do contrato na CTPS é documento hábil para requerer o benefício do seguro-desemprego a o levantamento do FGTS, desde que a empresa tenha comunicado a extinção contratual aos órgãos competentes.

> **Art. 477** (...)
>
> § 10. A anotação da extinção do contrato na Carteira de Trabalho e Previdência Social é documento hábil para requerer o benefício do seguro-desemprego e a movimentação da conta vinculada no Fundo de Garantia do Tempo de Serviço, nas hipóteses legais, desde que a comunicação prevista no *caput* deste artigo tenha sido realizada.

13.7. Forma e prazo para pagamento das verbas rescisórias

Quanto à forma para pagamento das verbas rescisórias, o § 4º do art. 477, da CLT, foi alterado para permitir, além do pagamento em dinheiro ou cheque visado, o depósito bancário ou em dinheiro e depósito no caso de empregado analfabeto:

Consolidação das Leis do Trabalho Texto anterior à Reforma Trabalhista	Consolidação das Leis do Trabalho Texto após a Reforma Trabalhista
§ 4º O pagamento a que fizer jus o empregado será efetuado **no ato da homologação da rescisão do contrato de trabalho**, em dinheiro ou em cheque visado, conforme acordem as **partes, salvo se o empregado for analfabeto, quando o pagamento somente poderá ser feito** em dinheiro.	§ 4º O pagamento a que fizer jus o empregado será efetuado: I – em dinheiro, **depósito bancário** ou cheque visado, conforme acordem as partes; **ou** II – em dinheiro **ou depósito bancário quando o** empregado for analfabeto.
§ 5º Qualquer compensação no pagamento de que trata o parágrafo anterior não poderá exceder o equivalente a um mês de remuneração do empregado.	(...)

Art. 477, § 6º, da CLT, foi alterado para unificar o prazo para pagamento das verbas rescisórias. Antes da Reforma, o empregador possuía até o primeiro dia útil imediato ao término dos contratos (prazo determinado ou aviso-prévio trabalhado, em regra) para efetuar o pagamento das rescisórias e até o décimo dia, nos demais casos. A Lei n. 13.467/17 determina prazo de 10 dias para o pagamento dos valores constantes da rescisão, independentemente da modalidade ou da forma do término do contrato:

Consolidação das Leis do Trabalho Texto anterior à Reforma Trabalhista	Consolidação das Leis do Trabalho Texto após a Reforma Trabalhista
§ 6º O pagamento **das parcelas** constantes do instrumento de rescisão ou recibo de quitação **deverá ser efetuado nos seguintes prazos:**	**§ 6º A entrega ao empregado de documentos que comprovem a comunicação da extinção contratual aos órgãos competentes, bem como** o pagamento **dos valores** constantes do instrumento de rescisão ou recibo de quitação **deverão ser efetuados até dez dias contados a partir do término do contrato.**
a) até o primeiro dia útil imediato ao término do contrato; ou	**a) (revogada);**
b) até o décimo dia, contado da data da notificação da demissão, quando da ausência do aviso-prévio, indenização do mesmo ou dispensa de seu cumprimento.	**b) (revogada).**
§ 7º O ato da assistência na rescisão contratual (§§ 1º e 2º) será sem ônus para o trabalhador e empregador.	**§ 7º (Revogado).**
(...) **§ 9º** (vetado).	(...)

13.6.1. Multas dos arts. 467 e 477 da CLT

O art. 467, da CLT, inalterado pelas recentes alterações legislativas, estabelece que "em caso de rescisão de contrato de trabalho, havendo controvérsia sobre o montante das verbas rescisórias, o empregador é obrigado a pagar ao trabalhador, a data do comparecimento à Justiça do Trabalho, a parte incontroversa dessas verbas, sob pena de pagá-las acrescidas de cinquenta por cento".

Assim, havendo incontroversa sobre o montante devido a título de verbas rescisórias, se o empregador não pagar na primeira audiência designada no processo trabalhista, o montante será acrescido de 50%, a exemplo do empregador que deve 20 mil reais a título de verbas rescisórias e não paga o empregado. Ao ser acionado na Justiça e intimado a comparecer na primeira audiência, deverá pagar os 20 mil reais, sob pena de multa de 50% sobre esse valor, no caso, mais 10 mil reais.

O empregador agora tem até 10 dias para pagamento das rescisórias, independentemente da forma ou modalidade de rescisão contratual (art. 477, § 6º, CLT).

Caso não observe referido prazo, deverá arcar com a multa do § 8º do art. 477, da CLT, intacto pela Reforma, referente à multa em favor do empregado, em valor equivalente ao seu salário, devidamente corrigido pelo índice de variação do BTN, salvo quando, comprovadamente, o trabalhador der causa à mora.

13.8. Décimo terceiro salário

O décimo terceiro salário, também denominado gratificação de Natal, será paga pelo empregador até o dia 20 de dezembro de cada ano, compensada a importância que eventualmente tiver conferido a título de adiantamento. Esse adiantamento, nos termos legais, poderá ocorrer entre os meses de fevereiro e novembro de cada ano, na quantia correspondente a metade do salário recebido pelo respectivo empregado no mês anterior, tudo nos termos do art. 1º, da Lei n. 4090/62 e dos arts. 1º e 2º da Lei n. 4749/65.

A gratificação corresponderá a 1/12 avos da remuneração devida em dezembro, por mês de serviço, do ano correspondente, sendo que a fração igual ou superior a 15 (quinze) dias de trabalho será havida como mês integral para os efeitos do parágrafo anterior, sendo devido o 13º salário proporcional, quando da rescisão do empregado, nos moldes supramencionados, se houver (art. 1º, §§ 1º e 2º e art. 3º, Lei n. 4090/62).

13.9. Fundo de Garantia do Tempo de Serviço

O Fundo de Garantia do Tempo de Serviço — FGTS é previsto no art. 7º, III, CF/88 e regulamentado pela Lei n. 8.036/90 e Decreto n. 99.684/90.

Surgiu em 1966 (Lei n. 5.107) como opção à estabilidade decenal celetista, e se tornou obrigatório com a Constituição Federal de 1988, prevalecendo a estabilidade no emprego apenas para aqueles que adquiriram dez anos de serviço até aquele ano, não optantes pelo regime do FGTS. Atualmente, a garantia de emprego do art. 7º, I, da CF é relativizada mediante uma indenização equivalente a 40% do saldo dos depósitos do FGTS (art. 18, § 1º, Lei n. 8.036/90), na ocorrência da despedida sem justa causa, ou seja, por iniciativa do empregador.

O FGTS é depositado mensalmente, na quantia de 8% do salário do empregado, na conta vinculada para tal fim, na Caixa Econômica Federal.

As hipóteses de levantamento estão elencadas no art. 20 da Lei do FGTS.

14

Do Dano Extrapatrimonial

14.1. Principais considerações

A princípio, far-se-á uma breve exposição sobre os danos jurídicos existentes, quais sejam, dano material, moral, existencial e estético.

O dano material diz respeito a todo prejuízo de ordem financeira ou do patrimônio de alguém, por ação ou omissão do ofensor, podendo ser comprovado com notas fiscais, recibos, extratos bancários etc. No Direito do Trabalho, o exemplo mais comum é o dano material do empregado com custos de tratamento médico decorrente de um acidente ou doença profissional adquirida na ambiência laboral. Este dano se desdobra em danos emergentes e lucros cessantes, sendo o primeiro considerado o que efetivamente se perdeu e o segundo o que razoavelmente deixou de lucrar, nos termos do art. 402, CC.[84]

Dano moral, diz respeito ao prejuízo imaterial, ao abalo de ordem emocional, a lesão aos direitos da personalidade, nos termos do art. 5º, V e X, e dos arts. 11 a 21 do Código Civil. Estes danos são comprovados, normalmente através de testemunhas ou laudo pericial médico. Na esfera trabalhista ocorre com frequência quando o empregado é submetido a situações de humilhação, isolamento, maus tratos etc.

Já o dano existencial, também chamado de dano à existência do trabalhador, se refere ao dano que tem origem na conduta do empregador em relação ao empregado, capaz de retirar-lhe o direito ao convívio em sociedade e ao lazer, a partir do excesso de atividades laborais que repercutem na vida pessoal do empregado. Exemplo desse tipo de dano ocorre quando o empregador exige prestação de serviços do empregado em horas suplementares, sábados e domingos durante décadas de modo a retirar-lhe do convívio em sociedade e familiar, como no caso de empregado que nunca participa da festa de aniversário de seus filhos, ou os acompanha em consultas médicas, assim como no caso de empregado que não consegue tirar algumas folgas para lazer ou para a prática de atividade física como uma simples caminhada.

O dano estético tem raiz na alteração física do empregado, de modo a causar-lhe certa feiura, seja através da cicatriz de um acidente do trabalho ou de uma cirurgia necessária para cura de uma doença profissional, seja em caso de explosão ou incêndio com afetamento da estrutura física do trabalhador.

Antes da Reforma Trabalhista, o dano extrapatrimonial, assim entendido como dano moral, estético e existencial, era resolvido na seara laboral com o Direito Comum, mais especificamente os arts. 186, 187, 927 e seguintes do Código Civil.

---

(84) TARTUCE, Flávio. *Manual de direito civil:* volume único. 2. ed. Rio de Janeiro: Forense; São Paulo: Método, 2012. p. 451.

A Lei n. 13.467/17 foi enfática ao determinar que "aplicam-se à reparação de danos de natureza extrapatrimonial decorrentes da relação de trabalho apenas os dispositivos deste Título"(art. 223-A, da CLT).

O art. 223-B, da CLT, tratou de conceituar o dano extrapatrimonial para estabelecer que tanto pessoa física (empregado) como jurídica (empregador) podem ser titulares do direito à reparação do dano:

> **Art. 223-B.** Causa dano de natureza extrapatrimonial à ação ou omissão que ofenda a esfera moral ou existencial da pessoa física ou jurídica, as quais são as titulares exclusivas do direito à reparação.

Nesse sentido, já caminhara a jurisprudência do STJ: Súmula n. 227, STJ. A pessoa jurídica pode sofrer dano moral.

O art. 223-C, da CLT, alterado pela MP n. 808/2017 (vigência encerrada em 23.04.2018) inseriu os termos etnia, idade e nacionalidade e adequou o termo "sexualidade" ao "gênero e à orientação sexual" como bens juridicamente tutelados inerentes à pessoa natural:

Consolidação das Leis do Trabalho Texto após a Reforma Trabalhista	Medida Provisória n. 808, de 14.11.2017
Art. 223-C. A honra, a imagem, a intimidade, a liberdade de ação, a autoestima, **a sexualidade**, a saúde, o lazer e a integridade física são os bens juridicamente tutelados inerentes à pessoa física.	**Art. 223-C. A etnia, a idade, a nacionalidade**, a honra, a imagem, a intimidade, a liberdade de ação, a autoestima, **o gênero, a orientação sexual**, a saúde, o lazer e a integridade física são os bens juridicamente tutelados inerentes à pessoa natural.

O art. 223-D, da CLT, trata dos bens juridicamente tutelados da pessoa jurídica, como imagem, marca, nome, segredo empresarial e sigilo da correspondência.

Art. 223-E. São responsáveis pelo dano extrapatrimonial todos os que tenham colaborado para a ofensa ao bem jurídico tutelado, na proporção da ação ou da omissão.

Os danos morais, materiais, existenciais e estéticos podem ser cumulados, nos termos da Súmula n. 37, do STJ: "São cumuláveis as indenizações por dano material e dano moral oriundos do mesmo fato" e Súmula n. 387, do STJ: "É possível a cumulação das indenizações de dano estético e moral". A Reforma apenas regulamentou essa questão, trazendo a possibilidade de cumulação desses danos através do novel art. 223-F e seus parágrafos, da CLT:

> **Art. 223-F.** A reparação por danos extrapatrimoniais pode ser pedida cumulativamente com a indenização por danos materiais decorrentes do mesmo ato lesivo.
> § 1º Se houver cumulação de pedidos, o juízo, ao proferir a decisão, discriminará os valores das indenizações a título de danos patrimoniais e das reparações por danos de natureza extrapatrimonial.
> § 2º A composição das perdas e danos, assim compreendidos os lucros cessantes e os danos emergentes, não interfere na avaliação dos danos extrapatrimoniais.

Em relação aos parâmetros adotados pelo juiz para fixação do dano, estabelece o art. 223-G, da CLT:

> **Art. 223-G.** Ao apreciar o pedido, o juízo considerará:
> I – a natureza do bem jurídico tutelado;
> II – a intensidade do sofrimento ou da humilhação;

III – a possibilidade de superação física ou psicológica;
IV – os reflexos pessoais e sociais da ação ou da omissão;
V – a extensão e a duração dos efeitos da ofensa;
VI – as condições em que ocorreu a ofensa ou o prejuízo moral;
VII – o grau de dolo ou culpa;
VIII – a ocorrência de retratação espontânea;
IX – o esforço efetivo para minimizar a ofensa;
X – o perdão, tácito ou expresso;
XI – a situação social e econômica das partes envolvidas;
XII – o grau de publicidade da ofensa.

Os valores da fixação da indenização sempre fora arbitrado pelo magistrado, em qualquer Instância ou Tribunal, uma vez que o Brasil nunca adotou o sistema tarifário de indexação de valores das indenizações.

A Reforma Trabalhista foi pioneira nesse sentido, ao passo que estabeleceu valores para fixação da indenização através do § 1º do art. 223-G, da CLT. A matéria é tão polêmica que referido dispositivo foi alterado pela Medida Provisória n. 808/2017 para adequar a indexação da indenização sobre o salário do empregado para o valor do limite máximo dos benefícios do Regime Geral da Previdência Social, o chamado teto da Previdência. No entanto, vale lembrar que sua vigência foi encerrada em 23.4.2018:

Consolidação das Leis do Trabalho Texto após a Reforma Trabalhista	Medida Provisória n. 808, de 14.11.2017
§ 1º Se julgar procedente o pedido, o juízo fixará a **indenização** a ser paga, a cada um dos ofendidos, em um dos seguintes parâmetros, vedada a acumulação:	§ 1º Ao julgar procedente o pedido, o juízo fixará a **reparação** a ser paga, a cada um dos ofendidos, em um dos seguintes parâmetros, vedada a acumulação:
I – ofensa de natureza leve, até três vezes **o último salário contratual do ofendido**;	I – **para** ofensa de natureza leve – até três vezes **o valor do limite máximo dos benefícios do Regime Geral de Previdência Social**;
II – ofensa de natureza média, até cinco vezes **o último salário contratual do ofendido**;	II – **para** ofensa de natureza média – até cinco vezes **o valor do limite máximo dos benefícios do Regime Geral de Previdência Social**;
III – ofensa de natureza grave, até vinte vezes **o último salário contratual do ofendido**;	III – **para** ofensa de natureza grave – até vinte vezes **o valor do limite máximo dos benefícios do Regime Geral de Previdência Social**; ou
IV – ofensa de natureza gravíssima, **até cinquenta vezes o último salário contratual do ofendido**.	IV – **para** ofensa de natureza gravíssima – **até cinquenta vezes o valor do limite máximo dos benefícios do Regime Geral de Previdência Social**.

Assim, o dano poderá ser indenizado com base na natureza da conduta do ofensor de natureza leve, média, grave e gravíssima. A MP n. 808/2017, cuja vigência foi encerrada em 23.4.2018, estabelece que estes parâmetros, contudo, não se aplicam no caso de morte do empregado, nos temos do § 5º do referido artigo.

O § 2º do referido artigo revela que "Se o ofendido for pessoa jurídica, a indenização será fixada com observância dos mesmos parâmetros estabelecidos no § 1º deste artigo, mas em relação ao salário contratual do ofensor".

Por fim, a reincidência da conduta ofensora poderá ensejar ao dobro do valor da indenização:

Consolidação das Leis do Trabalho Texto após a Reforma Trabalhista	Medida Provisória n. 808, de 14.11.2017
§ 3º Na reincidência **entre partes idênticas**, o juízo poderá elevar ao dobro o valor da indenização.	§ 3º Na reincidência **de quaisquer das partes**, o juízo poderá elevar ao dobro o valor da indenização.
	§ 4º Para fins do disposto no § 3º, a reincidência ocorrerá se ofensa idêntica ocorrer no prazo de até dois anos, contado do trânsito em julgado da decisão condenatória.
	§ 5º Os parâmetros estabelecidos no § 1º não se aplicam aos danos extrapatrimoniais decorrentes de morte.

A título de exemplo, cita-se empresa que possui política de discriminação no processo seletivo para vaga de emprego ou política de conduta assediadora na ambiência laboral. Havendo reincidência, poderá ser condenada ao dobro do valor da indenização fixada.

15

As Recentes Alterações sobre Prescrição no Direito do Trabalho

15.1. Prescrição bienal e quinquenal

Prescrição é tema de direito material. No Direito do Trabalho, define-se prescrição como a perda da pretensão do direito dos trabalhadores urbanos e rurais. Prevista no art. 7º, XIX, CF e 11, da CLT, este alterado pela Reforma para adequação ao texto constitucional:

> Art. 7º, XXIX, CF: ação, quanto aos créditos resultantes das relações de trabalho, com prazo prescricional de cinco anos para os trabalhadores urbanos e rurais, até o limite de dois anos após a extinção do contrato de trabalho.

Consolidação das Leis do Trabalho Texto anterior à Reforma Trabalhista	Consolidação das Leis do Trabalho Texto após a Reforma Trabalhista
Art. 11. O direito de ação quanto a créditos resultantes das relações de trabalho precreve:	Art. 11. A pretensão quanto a créditos resultantes das relações de trabalho prescreve em cinco anos para os trabalhadores urbanos e rurais, até o limite de dois anos após a extinção do contrato de trabalho.
I – em cinco anos para o trabalhador urbano, até o limite de dois anos após a extinção do contrato;	I – (revogado);
II – em dois anos, após a extinção do contrato de trabalho, para o trabalhador rural.	II – (revogado).
§ 1º O disposto neste artigo não se aplica às ações que tenham por objeto anotações para fins de prova junto à Previdência Social.	(...)

No Direito do Trabalho, a prescrição é bienal e quinquenal. Bienal para ajuizamento da reclamação trabalhista até dois anos após a extinção do contrato de trabalho. Quinquenal para empregados ativos que ajuízam reclamação trabalhista com o intuito de garantir direitos violados no curso do contrato de trabalho, de modo que só podem pleitear tais direitos dos últimos cinco anos da data do ajuizamento da ação. O mesmo ocorre quando a reclamação é proposta após a extinção do contrato, ou seja, os direitos são devidos dos últimos 05 anos da data do ajuizamento da ação e não da extinção do contrato. Assim, caso o empregado tenha laborado no mínimo nos últimos 05 anos do respectivo ajuizamento da ação, quanto mais tempo demorar para entrar com ação judicial, mais perderá direitos, se assim forem devidos.

15.2. Prescrição parcial e total

A prescrição parcial e total sempre fora tema de causar horas de estudo, sem as vezes se chegar a conclusões concretas sobre determinados casos concretos. Para a desmistificação do tema, far-se-á o apontamento das seguintes teorias:

1ª) Teoria das prestações sucessivas: significa dizer que a lesão se renova mês a mês quando o direito violado é assegurado por lei. Nesse caso, a prescrição é parcial e são devidas as prestações dos últimos 05 anos do ajuizamento da ação, até o limite de 02 anos para ajuizamento da reclamação trabalhista. Como exemplo, cita-se o não pagamento do salário com base no salário mínimo.

2ª) Teoria do ato único do empregador: significa que as lesões são feitas por ato único do empregador e não de forma sucessiva e a prescrição é total. Assim, se o contrato de trabaho estiver em vigência, em 05 anos prescreve a pretensão e não se pode cobrar mais na Justiça.

Antes da Lei da Reforma Trabalhista, a prescrição era total apenas para alteração do contrato. No caso dos contratos em curso, em 05 anos prescrevia a pretensão e não era possível cobrar mais na Justiça, nos termos da Súmula n. 294, do TST, a exemplo do reenquadramento de funções e pagamento das comissões:

> Súmula n. 294, TST. PRESCRIÇÃO. ALTERAÇÃO CONTRATUAL. TRABALHADOR URBANO.
>
> Tratando-se de ação que envolva pedido de prestações sucessivas decorrente de alteração do pactuado, a prescrição é total, exceto quando o direito à parcela esteja também assegurado por preceito de lei.

Antes da Reforma, a prescrição era parcial para o descumprimento do pactuado (empregado poderia reclamar os últimos 05 anos), como no caso de prêmio.

Com a Reforma, a prescrição é total tanto para alteração do contrato como para o descumprimento do pactuado, e continua sendo parcial quando o direito é assegurado por preceito de lei, nos termos do § 2º do art. 11, CLT:

> Art. 11 (...)
>
> § 2º Tratando-se de pretensão que envolva pedido de prestações sucessivas decorrente de alteração ou descumprimento do pactuado, a prescrição é total, exceto quando o direito à parcela esteja também assegurado por preceito de lei.

Assim, a Súmula n. 294 do TST, acima detalhada, deverá ser revista.

15.3. Prescrição Intercorrente

Ocorre a prescrição intercorrente no processo do trabalho quando o exequente deixa de cumprir providências que lhe são cabíveis no prazo de 02 anos, podendo ser requerida ou declarada em qualquer grau de jurisdição, nos termos do novel art. 11-A da CLT, inserido pela Reforma Trabalhista:

> Art. 11-A. Ocorre a prescrição intercorrente no processo do trabalho no prazo de dois anos.
>
> § 1º A fluência do prazo prescricional intercorrente inicia-se quando o exequente deixa de cumprir determinação judicial no curso da execução.
>
> § 2º A declaração da prescrição intercorrente pode ser requerida ou declarada de ofício em qualquer grau de jurisdição.

A Súmula n. 114 do TST – deverá ser reanalisada, pois revela que a prescrição intercorrente é inaplicável na Justiça do Trabalho, assim como a Súmula n. 153, do TST, a qual revela que não se conhece de prescrição não arguida na instância ordinária, contrária a nova ordem legislativa.

Referências Bibliográficas

ABRANTES, José João. *Contrato trabalho e direitos fundamentais.* Coimbra: Coimbra Editora, 2005.

ALMEIDA, Renato Rua de (Coord.). *Direitos Fundamentais Aplicados ao Direito do Trabalho.* São Paulo: LTr, 2010.

_____. O regime geral do direito do trabalho contemporâneo sobre a proteção da relação de emprego contra a despedida individual sem justa causa. Estudo comparado entre a legislação brasileira e as legislações portuguesa, espanhola e francesa. *Revista LTr,* Legislação do Trabalho, v. 3, p. 336-345, 2007.

_____. A teoria da empresa e a regulação da relação de emprego no contexto da empresa. *Revista LTr,* Legislação do Trabalho, São Paulo, v. 1, n. 82, p. 104-113, 2005.

_____. É possível um direito do trabalho para os micro, pequeno e médio empregadores? *Arquivos do Instituto Brasileiro de Direito Social Cesarino Júnior,* São Paulo, v. 1, n. 29, p. 117-127, 2005.

_____. A estabilidade no emprego num sistema de economia de mercado. *Revista LTr,* v. 63, n. 12, dez. 1999.

_____. Estabilidade e fundo de garantia: uma abordagem atual da garantia no emprego. *Revista LTr,* ano 42, jan. 1978.

ALVARENGA, Rúbia Zanotelli de. A organização internacional do trabalho e a proteção aos direitos humanos do trabalhador. *Justiça do Trabalho,* ano 24, n. 280, abr. 2007. Repositório Autorizado de Jurisprudência TST: 08/95. Porto Alegre: HS, 2007.

ÁVILA, Humberto B. *Teoria dos princípios.* 5. ed. São Paulo: Malheiros, 2006.

BARCELOS, Ana Paula de. *Eficácia jurídica dos princípios constitucionais.* 2. ed. Rio de Janeiro: Renovar, 2008.

BARROSO, Luís Roberto (Org.). *A nova interpretação constitucional.* Ponderação, direitos fundamentais e relações privadas. 2. ed. Rio de Janeiro: Renovar, 2006.

BELTRAN, Ari Possidonio. *Dilemas do trabalho e do emprego na atualidade.* São Paulo: LTr, 2001.

BOBBIO, Norberto. *A era dos direitos.* Tradução Carlos Nelson Coutinho. Rio de Janeiro: Campos, 1992.

BONAVIDES, Paulo. *Curso de direito constitucional.* 22. ed. São Paulo: Malheiros, 2008.

BRANCO, Ana Paula Tauceda. *A colisão de princípios constitucionais no direito do trabalho.* São Paulo: LTr, 2007.

BRAMANTE, Ivani Contini; CALVO, Adriana (Org.). *Aspectos polêmicos e atuais do direito do trabalho:* homenagem ao Prof. Renato Rua de Almeida. 1. ed. São Paulo: LTr, 2007.

CANARIS, Claus-Wilhelm. *Direitos fundamentais e direito privado.* Tradução de Ingo Wolfgang Sarlet e Paulo Mota Pinto. 2. reimp. Coimbra: Almedina, 2009.

CANOTILHO, José Joaquim Gomes. *Direito constitucional*. 6. ed. Coimbra: Almedina, 1993.

CASSAR, Vólia Bomfim. *Resumo de direito do trabalho*. 3. ed. Rio de Janeiro: Impetus, 2013.

COSTA FILHO, Armando Casimiro et al. *Consolidação das Leis do Trabalho*. 48. ed. São Paulo: LTr, 2017.

DELGADO, Mauricio Godinho. *Curso de direito do trabalho*. 15. ed. São Paulo: LTr, 2016.

_____. Direitos fundamentais na relação de trabalho. *Revista LTr*, Legislação do Trabalho, v. 70, p. 657-667, 2006.

DINIZ, Maria Helena. *As lacunas no direito*. 8. ed. Adaptada ao novo Código Civil (Lei n. 10.406, de 10-1-2002). 8. ed. São Paulo: Saraiva, 2007.

FERNANDES, António Lemos Monteiro. *Direito do trabalho*. 11. ed. Coimbra: Almedina, 1999.

FRANCIULLI NETO, Domingos (Org.). *O novo Código Civil*. Homenagem ao Professor Miguel Reale. 2. ed. São Paulo: LTr, 2006.

GARCIA, Gustavo Filipe Barbosa. *Curso de direito do trabalho*. 5. ed. Rio de Janeiro: Forense, 2011.

GUERRA FILHO, Willis Santiago. *Processo constitucional e direitos fundamentais*. 5. ed. São Paulo: RCS, 2007.

LIMA, Leonardo Tibo Barbosa. *Lições de direito processual do trabalho*. 4. ed. São Paulo: LTr, 2017.

MANUS, Pedro Paulo Teixeira. *Direito do trabalho*. 11. ed. São Paulo: Atlas, 2007.

MARANHÃO, Délio; CARVALHO, Luiz Inácio Barbosa. *Direito do trabalho*. 17. ed., rev. e atual. de acordo com a Constituição de 1988 e legislação posterior. Rio de Janeiro: Editora Fundação Getúlio Vargas, 1993.

MARTINS COSTA, Judith. BRANCO, Gerson L. Carlos. *Diretrizes teóricas do novo Código Civil Brasileiro*. São Paulo: Saraiva, 2002.

MARTINS, Sergio Pinto. *Direito do trabalho*. 22. ed. São Paulo: Atlas, 2006.

MEIRELLES, Edilton. *O novo Código Civil e o Direito do Trabalho*. São Paulo: LTr, 2005.

MOURA, Marcelo. *Curso de direito do trabalho*. São Paulo: Saraiva, 2014.

NASCIMENTO, Amauri Mascaro. *Iniciação ao direito do trabalho*. 38. ed. São Paulo: LTr, 2013.

NEGREIROS, Teresa. *Teoria do contrato*: novos paradigmas. 2. ed. Rio de Janeiro: Renovar, 2006.

PEDUZZI, Maria Cristina Irigoyen. *O princípio da dignidade da pessoa humana na perspectiva do direito como integridade*. São Paulo: LTr, 2009.

PEREIRA, Jane Reis Gonçalves. *Interpretação constitucional e direitos fundamentais*: uma contribuição ao estudo das restrições aos direitos fundamentais na perspectiva da teoria dos princípios. Rio de Janeiro: Renovar, 2006.

PINTO, José Augusto Rodrigues. O fator tecnológico na reforma trabalhista brasileira. *Revista LTr*, v. 68, n. 12, dez. 2004.

PROSCURCIN, Pedro. *Do contrato de trabalho ao contrato de atividade*. São Paulo: LTr, 2003.

REALE, Miguel. *Nova fase do direito moderno*. 2. ed. São Paulo: Saraiva, 1998.

RODRIGUEZ, Américo Plá. *Princípios de direito do trabalho*. 3. ed. atual. São Paulo: LTr, 2000.

ROMAR, Carla Teresa Martins. *Direito do trabalho esquematizado*. São Paulo: Saraiva, 2013.

RAMALHO, Maria do Rosário Palma. *Direito do trabalho, parte i, dogmática geral*. Coimbra: Almedina, 2005.

ROMITA, Arion Sayão. *Direitos fundamentais nas relações de trabalho*. 3. ed. São Paulo: LTr, 2009.

SANTOS, Enoque Ribeiro dos. Internacionalização dos direitos humanos trabalhistas. *Revista LTr*, 72-03/277.

SARLET, Ingo Wolfgang. *A eficácia dos direitos Fundamentais*. 7. ed., rev. atual. e ampl. Porto Alegre: Livraria do Advogado, 2007.

_____. *Constituição, direitos fundamentais e direito privado*. Porto Alegre: Livraria do Advogado, 2003.

_____. (Org.). *O novo Código Civil e a Constituição*. Porto Alegre: Livraria do Advogado, 2003.

_____. *A Constituição concretizada* — construindo pontes com o público e o privado. Porto Alegre: Livraria do Advogado, 2000.

SILVA, José Afonso da. *Aplicabilidade das normas constitucionais*. São Paulo: Malheiros, 2007.

SILVA, Virgílio Afonso da. *Direitos fundamentais*. Conteúdo essencial, restrições e eficácia. São Paulo: Malheiros, 2009.

_____. *A constitucionalização do direito*. Os direitos fundamentais nas relações entre particulares. 1. ed. 2. tir. São Paulo: Malheiros, 2008.

_____. (Org.). *Interpretação constitucional*. 1. ed. 2. tir. São Paulo: Malheiros, 2007.

STEINMETZ, Wilson. *A vinculação dos particulares a direitos fundamentais*. São Paulo: Malheiros, 2004.

SÜSSEKIND, Arnaldo. *Curso de direito do trabalho*. 2. ed. Rio de Janeiro: Renovar, 2004.

TELES, Vera da Silva. *Questão social:* afinal do que se trata? *São Paulo em Perspectiva*, v. 10, n. 4, out./dez.1996.

TEPEDINO, Gustavo; BARBOZA, Heloisa Helena; MORAES, Maria Celina Bodin de. *Código Civil interpretado conforme a Constituição da República*. Rio de Janeiro: Renovar, 2006. v. II.